U0018938

是情緒失控，
還是表達方式有問題？
是思維有偏誤，
還是憤怒反應出了差錯？

為什麼我們會生氣？

WHY WE GET
MAD

How to Use Your Anger
for Positive Change

Dr. Ryan Martin

瑞安・馬丁博士——著 吳宜蓁——譯

獻給我的太太蒂娜，還有母親珊蒂，
她們每天都激勵著我。

　　了解我的人都知道，我熱愛談論與書寫憤怒。事實上，是所有情緒，從悲傷、恐懼、快樂到憤怒。我喜歡和人們討論他們的感覺，聆聽他們的情緒故事，並且幫助他們學習擁有更健康的情緒生活。說真的，我實在太享受這件事，以至於十年前，我開設了一門叫做「情緒心理學」的新課程。在課堂上，學生和我探討了我們的感覺、思想和行為之間的複雜關係。我們研究情緒的演化史，並努力理解在各種文化中的差異與相似之處。還提及我們的情緒什麼時候成了問題，無論是太經常或太強烈地感受到它們，還是不頻繁或不夠強烈，或者我們因此而涉及危險或其他有問題的行為。不過，在這堂課中，我最常透過探索情緒如何幫助我們保持安全、修復關係、保護自己和糾正錯誤，揭穿情緒大部分是負面的迷思。

　　在我喜愛的這門課程中，有三個星期對我而言特別有趣，就是我們專注於憤怒的那幾週。在本單元中，我們討

論通常會「讓我們生氣」的情境、在生氣時會有的想法，以及生氣時如何表現。我們討論憤怒的生物學、教養和文化對於如何體驗與表達憤怒的作用，以及管理不善的憤怒可能出現的問題，也包括管理憤怒得宜時，會產生的積極影響。

我在 2019 年的 TED 演講「為什麼我們會生氣？為什麼生氣有益身心？」和本書的完成，都是源於那份愛。自從 1999 年開始讀研究所課程，我研究憤怒已經超過二十年。事實上，我會去念研究所，就是因為想要研究憤怒。正如你將看到的，我成長過程中圍繞著憤怒，這讓我不斷思考為什麼人們會生氣，以及它會造成什麼傷害。在校期間，我在一間青年庇護所工作，那裡的許多孩子有憤怒控管的問題，使他們一再地碰上麻煩。我想幫助那些孩子及其他人學習更有效地處理他們的怒火。

然而，也是在研究所時期，我學習到憤怒比我一開始設想的還要複雜，也更有趣。在成長過程中，我一直以為憤怒幾乎是完全的惡，而我們必須找尋方法減少憤怒。但那些在庇護所的孩子們有太多可以生氣的事，他們大部分在赤貧中長大，沒有糧食保障，沒有充分受教育的機會，當中許多人受到父母或養父母的虐待或忽視。這個世界對他們不公平，而他們的憤怒是可以理解的。

這本書就是要幫助人們，與憤怒培養出一種更健康的關係。我對憤怒管理的觀點和多數人不同，對我而言，憤怒不是一種應該鎮壓或推開的東西，我們的憤怒管理目標並非單純放輕鬆，或感覺不那麼生氣。憤怒在我們的生活中發揮著重要作用，而且正如失去控制並不健康，忽視憤怒也不健康。相反地，我認為憤怒是一種燃料，它能給我們動力去做應該做的事。但是，就與其他燃料一樣，我們必須控制它，並以某些特定的方式調整它。

為了傳遞這一切，我把本書分成三個主要的部分。第一部分〈憤怒的基礎〉，介紹憤怒這種情緒。當中的五個章節概述了憤怒是什麼、為什麼人會生氣、導致憤怒的思維類型、憤怒的生物學，還有我們如何根據種族或性別來辨識憤怒。第二部分〈當憤怒出了錯〉列出憤怒管理不佳時，會產生哪些主要的後果。這部分的四個章節中，我描述了憤怒與暴力之間有點複雜的關係、憤怒如何破壞關係、憤怒對身心靈健康造成的後果，以及憤怒如何引導我們做出非理性的決定。最後，在本書的第三部分〈健康的憤怒〉中，描述我們該如何理解、管理憤怒，並用於正向積極的方面。當中的每一章都包含案例研究、相關研究及活動，來幫助你以正向的方式與自己的憤怒連結。

每章結尾的活動，包括我和學生及客戶們做過的練習，

用來幫助他們探索自己為何憤怒、憤怒是什麼感覺、它告訴我們什麼，以及如何用最佳方式管理它。這些活動包括簡短的書寫練習、調查及重新思考憤怒的方法。這些工具不只在你閱讀本書時有幫助，隨著時間推移，當你努力體驗健康的憤怒時也能提供幫助。

目錄

第三部分

健康的憤怒

第一部分

憤怒的基礎

01

憤怒的介紹

被誤解的情緒

　　我經常發現人們不知道或不理解憤怒是什麼，他們認為它與相關的暴力或敵對行為一樣，當讀到關於大掃射或暴動的新聞時，他們會說類似這樣的話：「世界上怎麼會有這麼多憤怒？」當他們聽到肢體衝突的消息時，回應則是：「聽起來像是某人有憤怒的問題。」當然，或許是正確的，那些可能是憤怒的實例。但事實上，大多數的事情其實是暴力的實例，與憤怒有本質上的差異。

　　當我們讀到關於打架、謀殺和大掃射事件時，更該提出的是「為什麼現在的世界如此暴力？」這個問題，因為大掃射與家庭暴力事件的犯罪者不只是有憤怒問題，可能

還有衝動控制問題、權力與掌控的議題，又或者他們可能相信暴力是解決分歧的合理方案。對於不涉及憤怒的暴力，有許多性格、環境和情緒方面的解釋。

當然，我並不是在說憤怒與這些實例無關，它們很有可能是相關的，我的意思是，這些情境涉及的遠超過憤怒，而當我們只關注憤怒，就會錯過其他非常嚴重的問題。相反地，在其他某些情況下，憤怒通常會被忽視，因為它激發的不僅是暴力、敵意和侵略。

憤怒，以單純簡單的方式陳述，就是一種情緒。當我們的目標受到阻撓或經歷不公正時，就會產生這種感覺。基本上，情緒與行為是分開的[1]，悲傷、恐懼、憤怒、喜悅……這些全是情緒。有一些行為與它們有關（例如悲傷與哭泣、逃避與恐懼、歡笑與喜悅），但這些行為和情緒狀態不同。人們有時會因喜悅而哭泣，或恐懼時會笑，就像有時候人會有攻擊性，但並不生氣一樣。

以一種情緒而言，憤怒確實包含著欲望，想要藉由身體或言語的猛烈抨擊來發洩，但這種情緒與實際的猛烈行為有實質差異。也就是說，雖然我們想要藉由身體表達憤怒，但其實沒有必要。生氣的同時，我們可以做各式各樣的事情，當中大部分都不危險、對他人或自己也無害。事實上，有些行動對我們其實相當好。

我開始做這樣的事，是因為覺得憤怒有種不必要的壞名聲。由於人們無法將它與暴力分開來思考，也很難將它單純視為一種情緒狀態，就如同悲傷、恐懼、快樂、罪惡感等。當我們害怕時，就會想要逃避，或找其他方式避開害怕的事物。但有時候，我們會以不同方式來表達恐懼，比方說忍受恐懼，去做我們害怕的那件事。同樣的狀況也適用於憤怒，我們可能想要發洩，卻還是忍著怒氣去做其他事情。

最終，這本書的目標是幫助人們理解並朝著兩件事情邁進：

⊙ **面對各種情況，憤怒是正常且通常很健康的反應。**
⊙ **憤怒可以被理解、管理，並以一種健康、積極、利社會的方式使用。**

話雖如此，我希望從一開始就說清楚，我知道憤怒對人們及其周圍的人都是有害的，這點無庸置疑。頻繁、強烈、持久或表達不當的憤怒，都會導致嚴重的人際關係、生理和心理問題。這一切我都明白。然而。我開始對憤怒的研究產生興趣，是因為在個人生活和職業生涯中，都看到了不適應性憤怒的後果。

我選擇以這種方式作為本書的開頭，是不希望大家用「但是有人會因為他們的憤怒而極度受傷」或「你顯然不曾和真正憤怒的人一起生活，那很可怕」來回應我。如果你看到這本書的前提時，本能反應是「但真正的憤怒問題可能會很糟糕」——請切記你是百分之百正確的。憤怒具有深遠的破壞性，最終可能會導致人際關係破碎、財產損失、法律糾紛、藥物濫用、家庭暴力、心理健康問題，以及其他各種負面後果。我們研究這個議題已經幾十年，而一致性的結果指出，憤怒會摧毀生命。

　　現在，請注意在過去兩個段落之內，我多次使用了「會」這個字：憤怒會摧毀生命、憤怒會導致人際關係破碎等。但它也可以不這樣展開。

　　事實上，憤怒可以用在有益處的地方，憤怒可以刺激人們去解決問題，或是創造藝術、寫文章等，憤怒可以是燃料，激發你面對不公，引發有意義的社會變革。最重要的不是你有多生氣，而是你如何運用這股憤怒。

1　事實上，在如何定義情緒方面，心理學家並未達成普遍共識，還差得遠了。在心理學中，有一個學派叫做行為主義，當中許多人認為情緒是不存在的。而其他行為主義者認為，雖然情緒是真實的，但只有當我們辨識和定義出與之相關的特定行為時，它們才應該成為研究的重點。事實上，1946 年，V・J・麥吉爾（V.J. McGill）和李文斯頓・威爾許（Livingston Welch）發表了一篇文章〈情緒的行為主義分析〉（A Behaviorist Analysis of Emotion），當中指出「從遺傳學的角度，根據現在和先前的刺激來定義情緒，有一個明顯的優勢，因為這些刺激是可觀察到的，可以在實驗情境中重現」（第 120 頁）。他們接著說，對情緒的討論還應該避免論及心理狀態，除非我們能透過外在行為看到它們的影響，否則不應該討論心理狀態。我顯然不同意，不然整本書就是關於侵略和暴力，這是憤怒最明顯的行為表現。也就是說，同一篇文章將愛定義為「一種根據刺激的活動，這種刺激被確定為需求的反應性滿足者，或反應性緩解者」（第 104 頁）。這讓我希望 V・J・麥吉爾向妻子求婚時，我也在場。

不合時宜的笑話

　　小時候，有一次我在我爸的枕頭套裡裝滿了網球，當時是愚人節，而我覺得這麼做很有趣。當天我去睡覺時，已經完全忘記這個玩笑。我應該是五或六歲，在他上床前，我已經睡了，那時他還沒發現這個玩笑。等我睡著後，被落在身上、滿滿一枕頭的網球叫醒。我不記得我爸說了什麼，他只是把二、三十個網球往我身上倒，然後離開房間。他一定是在這麼做的過程中，吵醒了同一個房間的哥哥，我記得我哥說了類似的話：「我覺得他並不喜歡你的玩笑。」

　　我沉默地躺著，感覺害怕、傷心又尷尬。我以為他會覺得有趣，但我錯得離譜。過了一會兒，門突然打開了，我被聲音嚇到，還沒意識到發生什麼事之前，一顆網球重重地打在床頭板並彈了回來。我爸顯然是又找到了一顆球，所以衝進房間朝著我丟。我猜想他並不打算用球打我，但確實認為他想要嚇我。他重重地關上房門，我們再也沒提過這件事。

　　這個故事最詭異的部分在於，雖然我有好幾個他這樣做的類似案例，但我爸並非持續在生氣。他很常生氣，也會像網球事件般經常讓我害怕，但多數時候他是個相當快

樂又有趣的人。事實上，如果他總是在生氣，我絕對不會嘗試把網球裝進枕頭套的玩笑，因為我會知道他不覺得那很有趣。這其實是和他住在一起的困難之處，我很確定必定有些時候，當他睡覺前發現我的惡作劇，會因此大笑。隔天早上，他會開玩笑似地讓我不好過。但是，我卻選到了他的「關機之夜」，讓他大發雷霆，而且是真的、真的很憤怒。

我爸的憤怒在我們的關係造成了一條裂縫，存在於我生命的大部分時期[2]。我們相處的時間很長，但在他身邊，我始終沒能感到該有的舒服；我花很多時間擔心他會因為我做的事情發怒。隨著我年紀愈大，擔心他對我生氣的狀況漸漸減少，但還是會因為他對周圍的人動怒而緊張。比方說服務生犯了錯，我爸會厲聲說話，或是其他駕駛人超車時，我爸就會按喇叭、逼車等，把後座的我嚇得半死。有一次他對著加油站員工大吼，當時我正在結帳，只能假裝不認識他。「有的人就是這樣。」那位員工對我說。我回答：「對啊，有的人就是這樣。」然後走出去，回到車上，內心希望他的憤怒已經消散。

現在有件事讓我很困擾，我懷疑他從未真正搞清楚我的感受。我記得有一次談起了這件事，而就像和我爸談論「感覺」的大多數對話一樣，非常簡短。那是一件特別可

怕的事情，他和一個行人發生爭吵，當天晚上睡覺前，他來看我（關於這件事，稍後會詳細說明）。

「今天我吼那個傢伙時，有嚇到你嗎？」他問。

「有。」我說。

「我很抱歉。」他回答。

我應該多表達一些自己的感覺，但就像我說的，在他身邊我從未感覺自在過。那是我們關係的本質，而一切幾乎完全來自於他表達憤怒的方式。

2　我的同事伊蓮‧庫比特（Illene Cupit）博士經常說「研究就是研究」，指的是心理學家的研究興趣，經常與他們的個人生活故事緊密交織。雖然我找不到任何實際發表的研究支持這個說法，但我認識的大多數心理學家，都能指出他們的生活經歷是如何引起研究興趣。所以你知道了，我的個人經歷告訴我：個人經歷很重要。

當憤怒出了錯

　　這種有意或無意地破壞人際關係的傾向，是憤怒的幾大類後果之一，我將在本書稍後討論。人們早就知道憤怒與一些明顯的後果相關。慢性憤怒的人通常涉入身體和言語上的爭鬥、打碎東西、經歷各種健康問題，以及危險駕駛。這些類型的後果，已經被研究人員、臨床醫生、媒體和其他許多人確定了。事實上，我最初的研究項目之一，就是改進一份名為「憤怒後果問卷」（Anger Consequences Questionnaire, ACQ）¯的常用調查。這是一份已經使用了十年左右的量表，而我的指導教授艾瑞克·達倫（Eric Dahlen）和我都認為需要改進其評分系統。新版本的問卷¯測量憤怒後果的五種主要類型：攻擊性行為、酗酒／藥物濫用、友誼受損、負面情緒和自傷行為。老實說，我們的修訂已經快十五年了，而它需要再次更新，因為社群媒體和線上溝通方式顯著改變了人們如何感受和表達憤怒。

　　雖然有些不適應性憤怒的後果是明顯可見（爭吵、損壞資產、健康問題等），但有一些並不那麼明顯。即使是前述的後果，也可能比人們意識到的更具破壞性。以損害關係為例，大多數人都明白憤怒會導致人們說或做傷害他人的事情，例如某人感覺被激怒，於是引發了某些平時不

會做或說的事情，結果損害與他人的關係。還有，正如先前提到我的父親，又是另一個例子；一種更常見且通常不會被辨識出來，與憤怒相關的後果——憤怒的人經常讓周圍的人感到疏遠、惱火，甚至恐懼。

我將在本書後面詳細探討憤怒如何破壞關係。心理學家對憤怒如何影響關係進行了廣泛研究，此外，夫妻諮商通常側重於幫助人們更妥善地表達憤怒，以管理衝突。與此同時，由於技術進步和新形式的溝通方式，人際互動變得更加複雜。電子郵件、簡訊和社群媒體提供了表達憤怒的機會，導致不同類型的關係損害。

當然，憤怒的另一個明顯後果是暴力。記住，憤怒可以定義為情緒的發洩欲望。當人們按照這種欲望行事時，就可能變得暴力，或許會毆打、推、踢、刺傷，甚至用槍射擊惹他們生氣的人。這樣的事情可能發生在親密伴侶、朋友、熟人或陌生人之間。然而，憤怒和暴力之間的關係，比一般認為的更加複雜。正如你已經知道的那樣，憤怒不一定會導致暴力（實際上很少），同時，暴力也並不總是憤怒的結果。人們採取暴力行為有各種原因，有時是源於其他情緒（如悲傷、恐懼和嫉妒），有時又與情緒完全無關，追求的是其他目的（比如控制他人或賺錢）。[3] 就像憤怒一樣，暴力比大多數人理解的現象要廣泛得多。

在本書的第二部分，我將深入探討與憤怒相關的常見問題。我會揭曉各種主題的研究，從網路敵意、路怒（Road Rage）、意外自傷、心血管問題到其他健康問題。你會發現，路怒的危險不僅限於與其他駕駛人的爭執、社群媒體如何迅速成為有毒的環境，以及避免因憤怒管理不當而導致的各種健康後果。此外，我還會告訴你為何憤怒帶來的常見後果，只是冰山的一角，還有許多其他後果。例如人們可能無意中損壞自己的財產（你聽說過有人在看足球比賽時，把遙控器扔向電視嗎？）或者，他們是故意損壞自己的財產（就像史蒂文·科溫〔Steven Cowen〕在《與星共舞》〔*Dancing with the Stars*〕[三]節目期間，用獵槍射擊電視一樣）。此外，個人可能會有酗酒或濫用藥物、經歷憂鬱或焦慮等情況。憤怒管理不當帶來的後果，是廣泛且重大的，本書有很大一部分在描述它們，以便了解我們應該避免哪些結果，以及如何做到最好。

---

[3] 每個學期，我會詢問學生，他們有多少人會狩獵。在威斯康辛的東北部，大約有一半的人舉手。然後我問他們：「當你在獵鹿時，是否對鹿感到憤怒？」他們笑了，因為這就是我說的，攻擊和暴力有時與憤怒無關。從定義上來說，狩獵無可否認是一種攻擊或暴力行為（因為它涉及傷害某人或某物）。這種狀況同樣適用於戰時、自我防衛，甚至某些體育活動。這些例子都代表著攻擊或暴力發生，不必然是憤怒所驅使。

如何「管理」憤怒

　　許多人認為，對適應不良或有問題的憤怒之解決方法，是減少發怒的頻率。他們觀察那些後果之後，會說類似這樣的話：「那些人只需要放輕鬆」或「生命太短暫了，不能一直生氣」。雖然對於某些人來說，這可能是正確的，他們需要找到方法來減少憤怒的次數。然而，對許多人來說，問題並不在於生氣的頻率有多高，而是當憤怒出現時，他們如何處理。

　　我曾經參加過一場研討會，關注的是學生的飲酒情況（我是以治療師的身分參加，並非因為有酗酒問題）。聽眾之中，大部分都是因為飲酒習慣而面臨法律後果的大學生。我對這次演講沒抱太大的期待，之前參加過很多類似主題的研討會，預計這次也只會聽到關於飲酒危險性等無用之詞。結果，演講者開始解釋她當天的目標，並非要說服這些人完全戒酒，而是鼓勵他們在飲酒習慣上做出不同的選擇。她明確地指出，一個人決定是否喝酒，只是與酒相關的眾多決策之一（例如何時喝、喝多少，以及和誰一起喝等）。

　　這段話讓我感到驚訝且愉快。無論是之前的研討會，以及我上過關於酒精和其他藥物濫用的大學或研究生課程

中，沒有人教過我用這種方式思考飲酒問題。那些研討會和課程內容，主要集中在喝酒時大腦發生了什麼事、對其他身體功能產生什麼影響，以及如何幫助那些想戒掉的人們。除了我大學的「酒精與藥物」教授分享過一個有科學支持的治療宿醉方法之外[4]，我們幾乎不討論負責任的飲酒是什麼模樣。

我想做和前述演講者一樣的事情，只不過是與憤怒有關。我想討論有責任感的憤怒管理是什麼模樣。在我們是否生氣之外，還能做出一些決定，在生氣的時候，不是只能試著找到放鬆的方法。事實上，受到挑釁時，你會變得多麼生氣，只是一個更大、更複雜方程式中的一部分。

在本書中，我們會探討觸發你憤怒的因素、受到觸發時的想法，以及生氣之後的行為。當我們以這樣的方式思考憤怒時，就能在模型中的任何一點上進行干預，更有效地解決這種感覺。我想幫助你更積極主動地為觸發因素做準備，塑造你的思想，幫助你擁有更健康的情緒生活。我希望你用更廣泛的角度思考憤怒管理，而不只是如何不生氣，或生氣時如何放鬆。我希望你能理解自己的思緒、當前情緒狀態，以及最初導致憤怒的觸發因素之間的複雜關聯，一旦你感到憤怒，該如何調節憤怒，以及如何以積極、有效和有利於社會的方式來使用憤怒。

4　他是在討論加油站出售的宿醉治療藥物時說的，他解釋那沒有作用。當他告訴我們，他要提供一個絕對有效的宿醉治療方法時，我很確定他會接著說：「不要喝太多。」但他沒有，他告訴我們，在你需要起床的前兩個小時起來（已經有點要失去我的心），吃兩片阿斯匹靈治頭痛，喝一杯雪碧來安頓一下胃、補充水分，吃兩片維他命 C 補充失去的東西，然後回到床上，睡到該起床的時候（重新贏得我的信任）。其中大部分都有科學依據，但我認為，維生素 C 的部分已經被證實無效了。

02

我們為什麼生氣

一句空洞的威脅

　　我的朋友諾亞是個專業的演員。當他不在中西部各個劇院表演時，他會教授即興表演、戲劇入門和配音等課程。當你見到諾亞時，首先會注意到的是他非常友善和容易交流。他有許多有意思的話題、善於傾聽，而且頗具幽默感。他似乎真心在意周圍的人，與他進行對話時，話題通常圍繞著政治或其他與公正、公平相關的議題。

　　我想見他是因為一個星期前，他跟我分享了一個在表演過程中，與同事發生憤怒衝突的故事[5]。雖然他提供了一個相對簡短的描述，聽起來也很有趣，但真正讓我震驚的是結尾，他平靜地對那個惹他生氣的人說：「如果明晚再

發生這種情況，我會在你睡覺時殺了你。」

出於好奇，我想要聽更多細節，於是問他是否可以坐下來詳談，並錄下對話，他說非常樂意（正如之前提到的，他非常友善，而且喜歡有趣的討論）。我們在他的辦公室見面，卻讓我大感驚訝，這完全不是我預期的樣子。辦公室相當寬敞，但可說是空無一物。牆上有一些看起來掛了很長時間（可能比他在那裡工作的時間更長）的海報，幾乎沒有其他裝飾。「所以這就是你的辦公室？」我問道。

「是的。」他猶豫地回答，用失望的表情環顧房間。「我和其他人共用，所以也不能真正當作自己的辦公室。」他的回答解釋了很多問題。他曾提到自己會在周圍環境中尋找靈感，所以我本來期望他的辦公室會更具啟發性。

我請他更詳細地講述這個故事。我先警告他[6]，我將會對此進行「詳細分析」。分析憤怒事件，是我在情緒課程和憤怒管理工作坊中經常做的事情，我們會將憤怒的情況，拆解為各種憤怒促成因素或惡化要素。這是我即將教你的事，我認為這對於健康的憤怒管理至關重要。

他解釋說自己參演了《鮪魚聖誕節》（*A Tuna Christmas*）這齣劇。從他描述劇碼開始，對我來說簡直像是一場惡夢。不是看劇，這部分聽起來還好，而是這場表演實在太令人恐懼了。該劇只有兩名演員，每個人要扮演八到十個不同

的角色。這表示在演出期間，他們必須頻繁地快速換裝；他要下臺換衣服，然後在三十秒內返回舞臺前。

　　兩小時的戲劇，完全依賴兩位演員講述所有臺詞，所以有大量的東西要記。他們只有兩週半的時間排練，諾亞形容「從第一天起就很緊張」。他們必須要「脫離書本」（全部背起來），掌握穿脫服裝的技巧，並在僅有的兩週內，塑造出八到十個角色。由於戲劇製作中使用的道具極少，所以大部分動作都是藉由模仿，比如拿起一個想像的咖啡杯，或打開想像的烤箱之後，他必須記得咖啡杯放哪、也要記得把烤箱關上[7]。這全都需要相當高超的技術能力，而正如他說的「在事情出錯時，很容易引發困擾」。

　　然而，與這個故事最相關的，是快速換裝過程。這些快速換裝都發生在剛下舞臺時，更衣區域則有三處，所以他們必須記住該去哪進行特定換裝，並換上服裝（有時完全更換），而且經常戴假髮。諾亞有三頂不同的假髮，分別用於他扮演的三個女性角色。為了完成所有工作，會有兩名「服裝師」負責保持空間整潔，並確保諾亞有他需要的所有服裝配件。當他下舞臺換裝時，一切都應按照他的喜好設置。由於正確完成這一切，對《鮪魚聖誕節》劇碼的成功非常重要，也需要時間一起合作，因此服裝師在排練期間都在場。

最後一次彩排時，其中一位服裝師犯了一個錯誤。他之前就犯過這種錯，正如諾亞說的：「我最難的換裝是成為珍珠（Pearl）這位阿姨角色，因為她有許多配件：手套、眼鏡、帽子和洋裝。所以我依賴服裝師在我扮演完穿著工作褲、運動外套、帽子和鞋子的 R.R. 後，立即準備好那套衣服。」

諾亞必須回到後臺，脫掉前一個角色的服飾，然後換上珍珠的服裝。這是他最複雜的變身，時間非常有限。在排練時，他們已經多次練習。然而，當他回到後臺時，服裝師沒有把所有東西正確準備好。「衣服堆在地板上，我不知道鞋子在哪裡。拐杖在衣架的另一端，和它本該在的位置相反。手套還是上次我排演時脫下後的形狀。」

他急著穿上洋裝，以致穿反了。服裝師在他穿洋裝的時候，試著替他戴上耳環。「滾遠一點。」諾亞對服裝師說，服裝師便退了回去。他在與洋裝的奮鬥過程中愈來愈生氣。洋裝上附著一串珍珠項鍊，就在他的臉附近。他把項鍊扯了下來，一部分是憤怒，一部分是努力穿上洋裝的後果。

由於是彩排，所以除了導演、一位正在拍攝製作照片的攝影師，以及一些參與製作的人員外，沒有觀眾。諾亞喊停，他覺得需要時間把一切整頓好。他看著服裝師說：「離我遠一點。」然後深呼吸，穿好了戲服，走出去表演，

直到第一幕的結尾，所以他有時間在重新開始演出前冷靜下來。

完成第一幕後，他回到更衣室冷靜一下。他說，當他思考這件事時，整個人變得愈來愈煩躁，並影響了他的專注力。他做的第一件事，就是去向他的搭檔抱怨。他說，說出來的感覺很好。接著，他為下一幕戲換上戲服，他已經完全準備好，不會再因為時間壓迫而焦急。然後，他坐下來試著放鬆。他喝了些水，試著去想什麼才重要。「那就是這齣戲。」他說。他想要放開這次生氣的經歷，專注於眼前的事情。

他完成了彩排，但覺得接下來的表演不太對勁，因為他仍非常生氣。他說：「這種憤怒的感受像波浪般沖來，當波浪退去時，我仍然是濕的。它影響了我的專注度，我可以感覺到它。」

表演結束後，諾亞脫下服裝，深呼吸幾次幫助自己放鬆。在他晚上離開之前，他想和服裝師談論剛剛發生的事情。他們正在為第二天晚上的表演重置劇院。他把服裝師從人群中帶走，服裝師不停向他道歉，但諾亞已經聽了很多次，不想再聽了。

「這是我想對你說的。」諾亞向我描述：「首先，我很抱歉在後臺換裝時生氣了。你必須理解，當只有你和另

一個人在場時，記住兩小時戲劇的臺詞有多困難。當時我腦中有許多事情要處理，而你和戴娜（另一位服裝師）對這個過程的重要性，以及為什麼你們會在謝幕時出來一同鞠躬，是因為你們讓我和艾倫（他的搭檔）不必考慮換裝的事情，你們讓我們能夠進入一個有序的世界。而這就是我們為什麼要排練這些事情，也是你應該把它們寫下來的原因，並且時時刻刻想著：『接下來是什麼？』然後開始準備。我不想下臺時還要考慮場景的變換，我有太多其他事情要考慮。這不是我的工作，而是你的工作，我之所以會如此生氣，是因為我非常重視這件事，這是我的職業生涯。如果我表現不好，就不會再被雇用。就這麼簡單。這就是為什麼我努力做到最好，也堅持和我一起工作的人也要做到最好。所以我只想讓你知道，我非常喜歡你，覺得你很好，除了這個問題，我真心覺得你是最棒的。但如果明天晚上再次發生這種情況，我會在你睡覺時殺了你。」

當諾亞說到最後一部分時，服裝師笑了，諾亞回應：「我需要你相信我。」[8]

5　人們喜歡與我分享他們憤怒的故事，這是憤怒研究人員的職業危害。

6　雖然人們喜歡與我分享故事，但不一定喜歡聽我的想法，因此，這點需要事先警告……

7　我對這件事的重要性產生質疑。如果你忘記關上想像的烤箱門，會怎樣嗎？但他提到，當他忘記時，觀眾確實會注意到，然後他就會聽人提起這件事。我相信他是對的，每當我讓想像中的烤箱門開著時，我的孩子們總是會注意到。

8　諾亞清楚地告訴我，他不會傷害服裝師或任何其他人。這是一個非常空洞的威脅。然而，當他說「我需要你相信我」時，他是認真的。諾亞確實覺得他需要在這件事上被相信。他正在努力思索如何解決這個情況，而一個威脅，即使是空洞的威脅，對他來說似乎是最好的選擇。

「爲什麼我們會生氣」模型

我的工作有很大一部分是研究這樣的情況，以便更加理解人們為什麼會生氣。在許多方面，這與我小時候做的事情相同。我花了整個童年，想知道父親為什麼生氣。當然，那時候它並非學術研究，而是自我保護。我需要知道他為什麼生氣，因為必須弄清楚他是不是在生我的氣。如果是生我的氣，我得彌補或保持距離。[9]

為了回答這個問題，我使用了傑瑞・德芬巴赫（Jerry Deffenbacher）博士在 1996 年的書中章節〈以認知行為方法減少憤怒〉[10] 概述的模型[四]。

我在每一堂關於情緒的課程，以及每次關於憤怒的講座中，都會提到這個模型。我認為它把人們為什麼會生氣解釋得很完美，如果大家都能理解它，並應用到自己所處的情況中，就能擁有更健康的情緒生活。

事實上，隨著本書的進行，我會提供你一些練習，透過使用「為什麼我們會生氣」模型，教你如何以最佳方式「分析你的憤怒」。

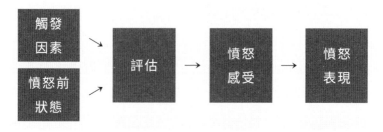

▲「為什麼我們會生氣」模型

觸發因素：德芬巴赫將憤怒描述為三個因素的「複雜互動」結果：（1）觸發因素，（2）個人的憤怒前狀態，以及（3）評估過程。我們從觸發因素（或我喜歡稱之為挑釁）開始。這似乎是引發憤怒的事件。前述諾亞的情況中，「挑釁」是服裝師沒有替他把空間準備好。這些挑釁通常是感覺像直接引起憤怒的外部情況（如上班途中碰到一堆紅燈）。它可能包括我們認識的其他人之行為（如配偶忘記把牛奶放回去），或陌生人的行為（如在路上被超車）。它可能是一組狀況（在度假期間遇到重大航班延誤），或是與你並未直接相關的事情（不同意的政府政策），乃至某件主要由你引發錯誤的事（把車鑰匙放錯地方）。

這些挑釁甚至可能是回憶，某個情況的某方面觸發了使人生氣的記憶，而那些回憶導致憤怒。你看了一部關於辦公室戀情的電影，讓你想起前任的不忠。你在社群媒體

看到一張前同事的照片，讓你想起過去在工作中，有多常感覺到他們對你的不尊重。這些憤怒不是針對觸發因素，而是通過使人生氣的回憶，間接導致憤怒。[11五]

或者，也許不是回憶，而是我們認為可能發生的事情。我曾經與一位客戶合作，她需要和一位同事進行她預期會不太愉快的對話，她預想著最壞的情況，並想像那個人在交談時會說什麼，只是想著對話可能如何進行，她就開始生氣了。當她終於要談話時，已經準備好面對狀況會變得糟糕，並且花了幾天的時間，對還沒有發生的挑釁感到憤怒。結果，對話進行得很順利，那個人沒有說出我的客戶認為他們會說的任何事情，並且非常積極、更加清楚地表明，她不應該花那麼多時間對可能發生但尚未發生的事情感到生氣。

儘管有一些常見的觸發因素，但到了最後，任何事情都可能成為觸發因素。當我問人們「讓他們生氣」的事例時，他們描述了從大型全球問題（如環境破壞、性別歧視和種族歧視）到特定類型的人（如心胸狹窄的人、欺詐者、霸凌者）。他們給出了具體的例子，比如在雜貨店購買的東西，後來卻發現已過期，或家長沒有正確遵守學校接送區的規則。他們甚至提到特定的設備或產品，如會濺水的水槽，或加油速度慢的加油泵。

這些例子通常可以分為三個廣泛且重疊的類別：不公平、惡劣待遇和目標受阻。有些人覺得世界上缺乏公平時，會感到憤怒（例如性別歧視、種族歧視）。即使是像家長沒有正確使用學校接送區的例子，某種程度上也表達了對公平缺失的不滿（「為什麼你可以違反規則，而我們其他人必須遵守？」）。同樣地，大多數人會因為他人的惡劣待遇而生氣，當人們被欺負或遭遇不誠實、不尊重的對待時，會感到憤怒。我曾和一些人交談過，他們會代表受到惡劣待遇者而感到憤怒。他們指出，例如服務人員被惡劣對待或動物被虐待等情況，都會讓他們生氣。最後，當人們的目標受阻或延遲時，也會感到憤怒。你可以從學校接送區（記住，這些類別是重疊的），或買到過期食物（「太好了，現在我得回去再買更多牛奶。」）的例子中看到這一點。當人們試著完成某件事時，就算事情很小、很簡單，但只要有事物阻礙他們，也會引起憤怒。

憤怒前狀態：德芬巴赫的模型的第二部分，即憤怒前狀態，是與諾亞表演時所感受到的挫折非常相似的狀態。那些觸發因素或挑釁，在我們有壓力、疲勞、飢餓、過熱或過冷，或者處於某種負面狀態時，會變得更糟。在排練期間，諾亞對表演感到壓力。在那場兩個人的表演中，他背負很大的責任，必須記住多個角色的臺詞和服裝。他描

述道，由於燈光和頻繁更換服裝所需的肢體努力，他熱到出汗，而且還有很大的時間壓力，需要及時換上新服裝，以準備下一幕。因此，他可能比平時更容易生氣。

如果從模型的前兩個部分（挑釁和憤怒前狀態）來思考這種情況，它看起來會是這樣：他有一個目標（出色的表演），而他的同事正在阻撓它。這種目標受阻，自然會導致挫折感的增加，但是當你將憤怒前狀態的壓力加入其中時，會加劇這些感受。如果再加上其他負面感受（例如晚上睡得不好而感到疲勞，或錯過午餐而感到飢餓），你可能也知道，挫折感就會更大。如果這不是最後一個彩排之夜，他可能對表演狀態的壓力較少，並且有不同的反應。情況改變，他的憤怒前狀態也隨之改變。

在挑釁出現之前，人們會處於無數的狀態中，這些狀態可能會增加或減少某人的憤怒。其中一些可以被視為生理狀態（疲累、飢餓、身體不適）和其他更多的心理狀態（焦慮、壓力、悲傷、受到挫折）。除此之外，在感受挫折時所做的事情也很重要，這就是為什麼開車對人們來說，可能是非常令人生氣的經驗之一。這項活動的性質是，它活化了預示憤怒的多種狀態（焦慮、壓力等）。在活動方面，甚至有一些證據顯示，看手機的父母比不看手機的父母，更容易對孩子發火[12]。

評估：這個模型的第三部分是最重要的部分。在德芬巴赫的模型中，前兩個要素，即觸發事件和憤怒前狀態，會引導人進行評估過程。評估是我們如何看待或解釋每天都會經歷的不同事物。當我們面對一個挑釁時，無論是同事未能履行他們的工作責任、父母未能正確使用放學接送區，或是在路上被按喇叭，我們首先必須判斷事件，並決定它的意義。正如德芬巴赫所描述的：

　　如果觸發源被視為有意的（即某人或某物故意將事件指向自己）、可防止的（即某些可以控制的事物）、不合理的（即被判定為無理且不公平，違反社會正義感），以及應受譴責和懲罰的（即被判定為有罪且應受苦），那麼憤怒就會增加。

　　如果重新審視我之前分享的挑釁列表，你會看到在這些例子中都存在著判斷。要對一個心胸狹窄的人感到憤怒，你必須先**相信**心胸狹窄是錯誤的，並**決定**他們的行為反映了心胸狹窄。這兩項都是對人或情況的評估或解釋，它們都反映出一個更廣泛的世界觀（「人們應該心胸寬大」）和關於受質疑者的決定（「這個人心胸不寬大」）。這些可能是準確且公平的解釋，但它們仍然是解釋。

讓我們舉錯誤使用學校的放學接送區為例。當我跟把此事視為生活中常見挑釁的人談話時，她說：「你應該開車去，停在放學接送區的位置，讓孩子下車，然後離開。你不應該在那裡停留超過大約三十秒。你不應該停下來跟人聊天，甚至不應該下車。有時候人們也會提前讓孩子下車，這是不應該的，或他們花太多時間道別，或看到認識的人，並與他們聊上幾分鐘。所有這些都導致我慢下來，讓我感到非常沮喪。」

　　當你讀這段描述時，有很多關於其他人應該如何表現，以及他們應該做什麼的陳述。我問她，這些是否為學校制定的規則及他們如何執行，她說：「校方有人在那裡，鼓勵人們要安全且迅速，但大部分只是常識。」

　　所以這些規則大多是不成文的，而且可能沒有普遍被接受或理解。這位家長已經做出了其他家長在學校的接送區應如何表現的決定。她正在評價其他人的行為，認為這種情況不適當，而當他們不遵循與她相同的規則時，她會變得憤怒。說實在的，我非常同意她制定的規則，如果我覺得人們很粗魯或花太多時間了，我可能也會生氣，但這不是重點。重點不是要判斷她的憤怒是否合理，而是她的憤怒源於她對情況的解讀，而非情況本身。

　　這種決定其他人應該如何做的傾向，在憤怒的人當中，

是一種非常普遍的思想類型。心理學家有時稱為「他人導向的應該」。相反的詞語當然是「自我導向的應該」[13]，這是我們做出應該或不應該如何行動的決定（「晚餐不應該吃第二份」、「我應該多讀書」）。雖然他人導向的應該與憤怒有關，自我導向的應該與低自尊、內疚、悲傷和憂鬱有關，實際上，有相當多不同的思想類型與憤怒有關，在稍後章節更具體地討論評價和憤怒思考時，我們將仔細探討[14]。

評估可以分為兩個類別：初級和次級。到目前為止，我主要關注的是初級評估，也就是從先決條件判斷，以確定是否有人做錯了什麼。而次級評估是我們決定這種情況有多糟糕，以及是否能夠應對。當我們認定情況真的很糟糕時，會比其他情況更生氣。你可以評價另一個人是錯的（初級評估），但最終可能不會感到非常生氣，因為你決定了這種行為的結果，對你來說並不是什麼大問題（次級評估）。但是，當你決定某個特定情況是災難性的，而且你無法應對時，就更有可能感到生氣。

現在考慮關於諾亞的例子，並做到次級評估，你可以看出它是如何加劇他的憤怒。初級評估的「他應該做好他的工作」，由於次級評估的「這將毀了表演，而我不會再被雇用」而變得更糟。如果你去掉次級評估，對他來說仍

然令人沮喪，但是相信這結果對戲劇和他未來的工作前景而言是災難性的，使情況變得更糟了。

　　當然，不同的人對同一情況的評估會不同，沒有一種正確的方式來解釋一個情況（雖然可能有一些不正確的方式），一個人的「這是錯誤和可怕的」，是另一個人的「我感到失望，但這不是世界上最糟糕的事情」。當我們探索為什麼有些人比其他人更容易生氣時，發現主要取決於不同的評估風格。有些人比較容易否定地評估情況和他人。他們在事情出錯時，更有可能歸咎於他人，也更可能將負面情況評估為災難性的，並且決定自己根本無法應對。

9　從演化的角度來看，憤怒為我們的人類和非人類祖先提供了相當大的優勢，原因有很多。其中一個原因與溝通有關。當人們和動物生氣時露出的臉部表情（有時被稱為威脅姿勢），讓周圍的世界知道該如何接近他們……或根本不要接近他們。

10　心理學家會做一件比較書呆子的事，就是追蹤他們的「學術宗譜」。即字面上的意思，我們會記錄誰是我們導師的導師的導師……以此類推。我們是一門夠年輕的科學，你只需要回溯五或六個人，就可以找到這個領域的創始人，通常是威廉・詹姆斯（William James）或威廉・馮特（Wilhelm Wundt）。我提

到這點，是因為我在研究所的導師是艾瑞克‧戴倫博士，他的導師是傑利‧德芬巴赫博士，他是這篇文章（以及許多其他文章）的作者。我認為這使他成為我的大導師，雖然他可能不會喜歡這個描述。

[11] 絕對不要懷疑回想所引起的憤怒之強烈程度，它是非常真實的。在我最喜歡的研究之一，保羅‧佛斯特（Paul Foster）博士及其同事比較回想引起的憤怒情境，與想像的和當前的憤怒情境。他們將參與者接上心率探測器和皮膚導電度測量器（測量出汗量），然後要求他們想像一個令人生氣的情境，或回想過去令人生氣的情境。第三組的人在接上測量設備後，又被告知設備故障，無法進行實驗。這些參與者是為了上課學分而來，卻被告知不會得到實驗的學分。然後研究人員忽略參與者的問題幾分鐘，當參與者對這樣的處理方式感到生氣時，設備正在測量他們的出汗量和心率。研究人員發現了什麼？這三組人都感到憤怒，但「想像」和「回想」組比「實際憤怒」組更加憤怒。尤其值得注意的是，只是想起某些令你沮喪的事情，也會增加你的心率並使你出汗。

[12] 珍妮‧羅德斯基（Jenny Radesky）博士和她的同事於 2014 年時，在速食店進行了一項研究。他們觀察與孩子一起吃飯的照顧者，並記錄誰在使用手機（使用的頻率和時間），以及他們如何對待孩子。研究人員發現（a）73％的照顧者在用餐期間使用了手機，且（b）使用手機的人比不使用手機的人對孩子更為嚴厲。在一個例子中，某位照顧者在桌子下踢了孩子，而另一個例子中，當孩子試圖抬起照顧者的臉，讓她遠離正在看的裝置時，照顧者推開了孩子的手。這句話是我寫過最悲傷的句子之一。

¹³ 理性情緒行為療法的創始人，艾伯特·艾里斯（Albert Ellis）博士，喜歡用「別再對自己說應該」（Stop shoulding on yourself），來描述人們以可能導致悲傷憂鬱的方式自我責備。他同樣認為「Musterbation」（提出不切實際的要求之現象）是類似的問題。然而，在憤怒的情況下，問題往往大多是「他人導向的應該」。

¹⁴ 所以你應該繼續閱讀。

不合理的反應

讓我提供一個更加嚴重的例子。那天是 7 月 4 日，我和太太在公寓裡舉行一個小聚會。我們很早就去雜貨店，購買了一些零食和飲料，包括啤酒。當時大約是上午 11 點 30 分，客人們會在中午過後來我家，所以時間上有點緊張。當我要結帳時，收銀員說：「對不起，但我不能在中午前賣酒給你。」

我忘記密西西比州的這條特定法律，該法律規定，在星期天的中午之前不能賣酒。我看了看手錶，發現大約是 11 點 45 分，我想我可以等十五分鐘，然後再買啤酒。所以我付了其他食品的費用，把它們拿到車裡，等了十五分鐘再回去買酒。當我結帳時，收銀員再次說：「對不起，但我不能在中午前賣酒給你。」

我說：「對，但現在是 12 點 5 分，所以應該沒問題。」

她看了看收銀機，說：「但是收銀機顯示現在是 11 點 40 分。」

「好吧，不過收銀機是錯的。」我回答。

「我知道，但直到它顯示為中午時段，否則我都無法賣給你。」她說。

「這太誇張了。」我說。

「我知道，我很抱歉。」她說。

我陳述了我的情況，但收銀員說她無能為力。所有的收銀機都與某間公司的時鐘相連，她無法更改它們。之所以這樣設計是為了防止中午之前賣酒，而且不能被覆蓋。她解釋說，如果我再等十五分鐘，就可以支付費用並離開。

「不。」我說：「我要過馬路，到那邊的商店買。」

我願意承認過馬路的計畫有點愚蠢。等到我上了車，開車過馬路，停車並進去找到啤酒，大概已經過了十五分鐘，完全沒有節省任何時間。然而，這感覺像是「原則上」應該做的事，我對這家特定的雜貨店感到憤怒（我的目標被表現不佳的收銀機阻礙了），所以我不想讓他們得到這筆生意。

我們去了對面的雜貨店，買完剩下的東西，然後離開。我們時間很趕，因為現在大約是 12 點 20 分，客人們會和我們同時抵達我家。當我倒車離開停車位時，看到另一輛車正朝向我們這邊開。它沒有很接近，所以我在倒車時不會擋到對方的路，但也不是太遠。一般情況下，我可能不會繼續倒車，通常會等對方先通過。但此刻我感到急切，覺得繼續倒車也無所謂。

我錯了，這確實是個大問題……至少對另一位駕駛來說，因為他開始閃燈並按喇叭，讓我知道我正在擋他的路。

在我告訴你接下來發生了什麼事之前，我想稍微描述一下當時的情境。這不是在為我的行為找藉口，只是想在憤怒前狀態下解釋它。我經歷了一個令人沮喪的早晨（目標受阻），沒有什麼事情進行得順利。雜貨店的情況對我來說很煩人，讓我有點無助和惱火。我快遲到了，所以很緊張。我感到飢餓，因為已經是午餐時間，而我還沒吃東西。我感覺很熱，當時是密西西比的七月，而且在過去一個小時裡，我已經進出雜貨店好幾次。同時，我被另一位駕駛激怒。當所有這些因素結合在一起時，我變得生氣。

所以當我開車經過時，對他比了中指。這不是我第一次在路上對某人比中指，不過你稍後會理解，自此以後，我再也沒這樣做過。當我開走的時候，看了一眼後視鏡，發現他的倒車燈亮了，他正在掉頭，很明顯地要來追我們。

「噢，來了。」我對我太太說。

「什麼？」她問。

「他在追我們。」我告訴她，然後開始加速逃離。我絕對不想和任何人打架，之所以對他比中指，原因和他對我閃燈一樣，是要讓他知道我很生氣。我後悔讓事情升級，不想讓一切變得更糟。當我再次往後看時，他已經掉頭，速度更快了，接下來是在雜貨店停車場和附近街道上短暫但多事的追逐。

另一名駕駛比我更願意違反法律，他駕車翻越路緣，開上人行道來追我。我擔心的不只是我和太太，也擔心周圍的其他人。幾分鐘後，他成功地切到我前面，從我的左側進入對向車道，要來擋住我，如果不想撞上他的車，我就要開到路邊，或者停下來。我停了下來。他下了車，繞過他車的後面向我跑來。我將車換了方向，做了個倒回轉，然後以最快的速度加速離開。由於他不在車裡，而他的車又面向相反的方向，以致無法快速進入車內趕上我們。

　　對我和我太太來說，整個情況令人非常不安，現在依然如此。當我想到所有可能發生的壞事時，便感到非常害怕。如果他抓住我們，肯定會嚴重傷害我。或許他只是想打我，但如果情況更糟呢？如果他有槍怎麼辦？有很多例子顯示，路怒症可能會變成嚴重的暴力事件，甚至帶來死亡。假使這是其中一個例子，該怎麼辦？

　　這些都是可能發生在我或我太太身上的事情。他或我可能不經意間傷害了別人，你不可能在繁忙的停車場內高速行駛，而不將其他人置於危險之中。如果我們撞到另一輛車怎麼辦？如果我們撞到行人怎麼辦？在那五分鐘內，可能會發生無數壞事，全部都是因為最愚蠢的原因；我心情不好，被激怒時失去了冷靜，並對某人比了中指。

　　在我繼續討論之前，讓我指出這個人的反應是多麼過

分。我不應該對他比中指，但我從未想過他會有這樣的反應。我敢打賭，在我的一生中，在路上被比中指大概有二十次，但我從未想過要追趕另一名駕駛。另外，我很想知道的是，那天他發生了什麼事。我想知道他的早晨是怎麼樣，是否也在面對一系列相對較小、但累積起來讓人崩潰的煩惱？或許不是一系列小煩惱，而是一個重大的損失，讓他感到悲傷、害怕和憤怒。他現在是否後悔追逐我的那個決定？他是否感謝我逃脫了，因為如果抓到我，他可能會做出更糟糕的事？或他仍然坐在那裡想著，如果抓到我並給我一個教訓會有多好？我永遠不會知道，但真希望我能更了解他是如何經歷這一切。[15]

---

[15] 換位思考（當我們從另一個人的角度考慮情況），這是個非常有價值的方法，能夠減少人際關係間的憤怒。事實上，2007年，由菲利浦・莫爾（Philip Mohr）及其同事發表的一篇文章中提到，能夠考慮到另一個人觀點的能力，與慢性憤怒呈現負相關。

活動：繪製你的憤怒事件圖表

要將憤怒管理得更好，一個好的開始是繪製一張憤怒事件圖表，先釐清以下三個部分：觸發因素、憤怒前狀態，以及你的評估（初級和次級）。首先，選擇一個你憤怒的時候。挑選最近的事件，讓你能夠清楚記得發生了什麼事、當時的心情，以及你的想法。

觸發因素：記住，觸發因素（挑釁）是引起憤怒的事件。人們通常描述這件事情讓他們生氣。在這種情況下，觸發因素是什麼？具體來說，是什麼特定的事件、情況或行為，讓你有所反應？當你完成時，花些時間考慮一下它是什麼類型的挑釁（例如不公平、惡劣待遇和目標受阻）。最後，評估你的憤怒強度，從 1 分（一點都不生氣）到 10 分（極度憤怒）。

憤怒前狀態：現在，描述你經歷挑釁時的心情。你是累了、餓了、壓力大，還是焦慮？也許你已經對另一件事感到生氣，或是你遲到了？

評估：思考一下你那時候的想法。你對挑釁有什麼想法（初級評估）？你對自己應對挑釁的能力有什麼想法（次級評估）？有可能當時你並沒有意識到，自己正在評估情況，然而，現在有機會回顧並思考，你如何評估這個事件？

憤怒反應：憤怒經驗的三個要素，與我們實際憤怒時做了什麼完全不同。我已經描述了幾種不同的憤怒情況，而且我們也看過幾種不同的反應。其中一個情況是，憤怒導致冷靜的威脅（「我會在你睡覺時殺了你」）；另一種則是憤怒導致挑釁的肢體表達[16]；此外，還有憤怒導致想要戰鬥和在雜貨店停車場進行高速追逐。正如我們將在本書經常討論的，憤怒可以用多種方式表達。在你分析的情況中，你又是如何回應？

觸發因素	主要類型（不公平、惡劣待遇和目標受阻）	評分（1-10）

16 這就是迪朱塞佩（DiGiuseppe）和塔福拉特（Tafrate）博士
   在他們 2007 年的書《理解憤怒症》（*Understanding Anger
   Disorders*）中提出的，關於憤怒調節與表達障礙的診斷標準
   中，描述對某人比中指這件事。

憤怒對我們有什麼好處呢？

當我們想到像停車場追逐這樣的憤怒例子時，很多人會問，憤怒怎麼可能對我們有益。先前敘述了一個憤怒幾乎導致人們可能被殺害的例子，我如何能毫不猶豫地說，憤怒可以是一種有益的力量呢？

要回答這個問題，我們必須思考憤怒為什麼會存在。它並非偶然出現，那麼，人類是如何及為何會產生這種在受委屈時，想要發洩的情緒渴望呢？

03

憤怒的生物學

回想自己真正生氣的時刻

現在請你想想上次感到很生氣的時刻；不只是有點生氣，而是真的憤怒無比。第二章提過 1 到 10 分的評分量表，想一個你得分為 10 的時候。也許你有點失控？或者沒有失控，但你必須遠離人群，以避免做一些可能會後悔的事。使用我們在第二章討論的模型，來分析這個事件。什麼是觸發因素？當它發生時，你在做什麼，心情是如何？你如何解釋這個觸發因素？這三個要素（觸發因素、憤怒前狀態和評估）是怎麼結合在一起，導致如此強烈的憤怒？

現在你已經做了這件事，再花點時間思考，當時你身體的狀態如何？想想你的心臟、肌肉發生了什麼事，你的

胃感覺如何，以及你能聽到和看到什麼？想想這些身體部位，描述它們在憤怒事件中的感覺和它們做了什麼：

- ◉ **心臟**：
- ◉ **肌肉**：
- ◉ **胃**：
- ◉ **口**：
- ◉ **臉**：
- ◉ **手**：

　　我猜當時你的感受可能如下所述：你的心率可能升高，肌肉可能緊繃起來，你的臉可能漲紅，而你開始呼吸得更快，你可能噘起嘴，皺起眉頭，也許還張大了鼻孔。如果你真的很生氣，甚至可能開始顫抖，嘴巴會變得乾燥。在人們真正感到憤怒時，甚至會出現隧道視野（Tunnel Vision），也就是失去了周圍的視野，只能看到眼前的事物。也許你從未如此生氣，以至於同時感受到所有的感覺，但你可能在某個時刻（或許是很多時刻）已經接近了，所以可以理解這些感覺。

內在狀態

在第二章中,我們談論了生氣時,身體外部發生的事情。與此同時,身體內部也有一個令人著迷的故事。從接收到一些你判斷會引起憤怒的訊息的那一刻,它就開始了。這些訊息通過你的感官,通常是眼睛和耳朵,進入你的大腦。在排隊時看到別人插你的隊,或聽到別人用貶義的名字叫你;這些訊息被大腦深處一個小而呈杏仁狀的結構接收,也就是你的杏仁核[17]。

杏仁核:杏仁核通常被比喻成大腦深處的情緒電腦。它就像電腦一樣,處理來自外部世界的數據,並啟動情緒反應。儘管它們經常被單獨討論,但實際上有兩個杏仁核,大腦兩側各有一個,一些研究指出它們可能會啟動不同類型的情緒反應,左杏仁核啟動正面情緒,而右杏仁核啟動負面情緒,如恐懼和悲傷。[六]

研究人員進行這項研究的方式,是直接將電極插入人類的杏仁核、刺激它們並觀察反應。這種方法不只用於研究,也用於治療。在一個著名的例子(有時被稱為「茱莉亞的案例」)中,維農·馬克(Vernon Mark)博士使用這種方法,評估並治療茱莉亞(化名)的暴力衝動。茱莉亞在嬰兒時期患了腦炎,幾年後開始癲癇發作。馬克博士開

始與她合作時，她已經二十一歲，並且在超過十二個不同場合中，確實地攻擊他人。其中之一是，她在電影院被陌生人撞到，然後就刺傷了他。他們嘗試多種治療方法，包括藥物和電痙攣療法，卻都沒有奏效。

馬克博士認為問題的根源與她的杏仁核有關，並在1973 年《紐約時報》的一篇文章中描述：「通過在茱莉亞的頭骨上鑽小孔，馬克在她的大腦中植入電極。這些髮絲狀的線可以不斷監測她的大腦電信號，並向杏仁核發送刺激電流。」有一天，茱莉亞彈著吉他，她的大腦電信號正在被監測，突然間，她「露出牙齒，臉部扭曲成憤怒的表情，並將吉他砸在牆上，砸得粉碎。」這次的爆發事件，她的大腦 —— 尤其是杏仁核周圍的區域 —— 發出與癲癇相同的瘋狂電活動。

然而，這並不是馬克博士唯一的證據。實際上他能「向杏仁核發送刺激電流」來產生相同的暴力爆發。基本上，馬克博士透過刺激杏仁核，就可以重現了。在這個案例之前，已經有一些軼事證據表明，暴力與某些形式的癲癇有關，但這是第一次透過正式研究建立這種聯繫。

該案例之所以值得注意，是因為馬克博士能夠透過神經外科手術，來處理茱莉亞的暴力爆發。確定暴力爆發的源頭是由於她右側杏仁體附近的癲癇發作後，馬克博士切

除了她杏仁體的一小部分。結果呢？在接下來的五年中，當茉莉亞被監測時，她的癲癇發作次數減少，而且沒有暴力爆發。

那麼，當這些情緒電腦接收並處理訊息時，它們會做什麼？當判定你應該感到害怕、悲傷，或像這個案例——生氣時，它們向大腦的其他結構發送消息，並觸發一連串的生理和行為反應。它們溝通的其中一個結構，是它們的鄰居，也就是位於大腦底部的小結構「下視丘」。

下視丘：下視丘經常被描述為位於大腦底部的豌豆形狀結構[18]。它是大腦中負責維持「恆定性」的部分。大致上，下視丘幫助你保持舒適。它能調節體溫、控制飢餓，並管理與睡眠、血壓等相關的其他晝夜節律。最重要的是，它能協助調節情緒反應，因為它控制自主神經系統。

你可能還記得高中時學過一些人體生物學知識，讓我提供簡單的回顧，你的自主神經系統有兩個主要的分支：副交感神經系統（休息和消化）和交感神經系統（戰鬥或逃跑）。當你的杏仁體觸發情緒反應時，它們發送訊息到下視丘，活化戰鬥或逃跑反應。下視丘基本上是在告訴身體的其餘部分，從標準操作程序（恆定性）轉變為防禦措施。它說：「哇，有危機正在醞釀。我們來處理一下！」

戰鬥或逃跑：當故事進行到這裡，你開始在身體中實

際感受到那股憤怒。你的下視丘現在觸發了大腦中的其他結構，釋放提升能量的賀爾蒙。腎上腺素充斥全身，增加你的心跳、呼吸和流向肌肉的血液。這是身體幫助你應對威脅或不公的機制之一。透過增加呼吸和心跳，氧氣和血糖（糖）更快到達肌肉，因此你能夠更快、以更大的能量和力氣去移動。這也是為什麼你的臉可能變紅，流向四肢的血液增加，表示臉部的血液也增加。

同時，你的肌肉緊繃起來，做好了行動的準備。我們通常會隨著時間感覺到這種緊張，長時間的憤怒可能導致相當嚴重的肌肉疼痛。但在當下，我們可能會顫抖，尤其是雙手。這種顫抖來自與戰鬥或逃跑有關的肌肉緊張，以及過多的能量。身體處理這些額外的工作也會產生熱量，所以你可能會開始出汗，以冷卻憤怒時刻的自己。

當我們對憤怒產生生理反應時，消化系統也會放慢。雖然大多數人都沒有注意到，但有一部分似乎很明顯，那就是我們的嘴巴會變乾 —— 唾液分泌是消化的第一步。當我們處於危機狀態時，大腦不再認為消化是重要的事，所以能量被轉移到其他地方。隨著血液流向我們的肌肉，消化系統變慢。你的胃停止分泌消化酶，而腸子的肌肉停止跳動，不再將食物推進你的系統。

特別的是，這一切發生得相當迅速。在一瞬間，大腦

協調這些不同的結構和器官，做出反應和採取行動。[19] 而這只是大腦自動協調的部分，稍後，你會開始有意識地選擇如何處理憤怒，而全都發生在大腦的另一部分，稱為前額葉皮質。

前額葉皮質：位於前額的後方，許多人說它是使我們最具人性的大腦部分。前額葉皮質參與計畫、決策、社交行為，以及心理學家常稱為「執行功能」的其他高級認知任務。正是這個結構與憤怒的表達、控制，甚至壓抑，有最直接的關係。當你被激怒時，會立刻感受到憤怒的生理感覺，但前額葉皮質才是決定如何處理憤怒的地方。

令人遺憾的是，我們對前額葉皮質的了解，大多是由傷害的紀錄得來。以建築工頭費尼斯・蓋吉（Phineas Gage）那不名譽的案例來說，二十五歲的他在工作中遭受嚴重的頭部傷害。蓋吉當時正在進行爆破工作，為鐵道鋪路移除巨石，卻發生了意外。一場爆炸導致一根鐵棍從爆破孔中射出，朝著他的臉飛去。鐵棍是用來將炸藥粉末填充到爆破孔中，這根特定的鐵棍長度超過 90 公分，直徑 2.54 公分，一端是尖銳的。尖端從他的左側臉頰下方進入，穿過左眼後方，再從頭頂出來。它發射的力道如此之大，使得這 90 幾公分長的鐵棍從他的頭頂射出，飛過空中，並落在距離他 25 公尺之外的地方。

儘管這一切非常驚人，但真正令人震驚的還在後頭。不知怎麼的，蓋吉活了下來。不只如此，在事故發生後的幾分鐘內，他就開始說話，不到一個小時後，在他到達醫生那裡時就能走路了，並且不需要其他人幫忙。[20] 他住院兩個多月後，返回家中。

　　全世界的每一堂心理學入門課程，幾乎都會教授蓋吉的故事。這樣的案例使心理學家能夠評估我們在正常情況下無法評估的事物：大腦受到重大損傷後，人們會如何改變。哈洛和其他人注意到，蓋吉在事故後的行為方式發生了很大的變化。事故之前，蓋吉受人喜愛且工作努力，大部分人認為他有紀律且負責任，這可能是他在工作中被賦予如此重大職責的原因。但事故之後，他被描述為易怒、褻瀆、不敬、不耐煩、固執，以及（我最喜歡的）「善變和猶豫不決」。

　　有趣的是，蓋吉的案例經常被人討論，主要是因為受傷後發生的性格變化。我認為這些的確是性格方面的變化，精準地說，它們與蓋吉的情緒控制能力有關。更確切地說，是他控制憤怒的能力。易怒、褻瀆、不耐煩，這些詞彙都是用來描述有憤怒問題的人。

　　這一點也透過更正式的研究得到證實，針對前額葉皮質有損傷的兒童和成人之研究顯示，他們理解和管理憤怒

的能力受到干擾。[七]這部分大腦可能因腦手術、頭部受傷（車禍和自行車事故是相對常見的原因，因為前額經常是被撞擊的地方），或甚至因藥物濫用而受損。當它發生時，研究人員可以探索對決策、情緒控制和衝突的反應，會有哪些影響。結果一致發現，這個區域的損傷導致情緒難以控制和管理衝突。

17 事實上，是杏仁造型使它得名杏仁核，因為杏仁核（amygdala）是拉丁語中的杏仁。同樣地，杏仁核的鄰近結構是海馬迴，因為它看起來像海馬（hippocampus 是拉丁語中的海馬）。我以前看過大腦解剖，老實說，我沒看出相似之處。不過，站在一旁的女士看出了，從她大叫：「天哪，真的很像海馬！」就可以得知。

18 這讓我不禁好奇，考慮到我們迄今為止討論過的命名規則，為什麼它被稱為下視丘（hypothalamus），而不是「cicer」（拉丁文中的豌豆）。原來，這是因為它位於視丘之下（hypo 意為「下」）。而視丘（thalamus）的意思是「室」，所以可以推測視丘看起來像一個房間？

19 從這種充滿活力的狀態恢復到正常狀態，需要更長的時間——大約 20 分鐘，我們稍後在談論慢性憤怒的身體健康後果時，會討論到這個問題。

20 事故之後，約翰·M·哈洛（John M. Harlow）博士評估了他，並寫在 1868 年一篇名為〈從鐵棒穿過頭部的通道中恢復〉的文章中。文章包括這樣令人愉快的句子：「從他的頭部開始湧出大量的惡臭分泌物，並混有腦組織顆粒」和「那天用一根金屬探針插入他頭頂的開口處，直到它到達顱骨的底部。」對於哈洛為什麼要用金屬探針戳蓋吉的大腦，沒有合理的解釋。老實說，看起來他只是在跟他開玩笑。

憤怒的臉孔

　　請拿出你的手機，找到最常使用的文字或社群媒體應用程式的憤怒表情符號。根據應用程式的不同，可能有幾種不同的外觀，但都具備一些共同特點（如顏色偏紅、內斜的眉毛、抿起的嘴巴）。現在，如果可以的話，回想一下你第一次看到憤怒表情符號的時候；可能不需要別人告知它表示憤怒，單看外觀你就知道了。事實上，在現代版本的表情符號之前，人們只是簡單地輸入 >:-(或 -_- 來表示憤怒。第二款非常簡單，只不過是三條線（連字符號、底線、連字符號）組合在一起，來模仿臉的外觀，然而人們在沒有太多提示的情況下，就可以識別出這三條線的基本情緒語氣。究竟我們為何能如此輕易地判斷這些圖像為憤怒，而不需要任何提示或學習，這點很值得思考。這幾條線是什麼，竟然能如此明確地描繪出憤怒？

　　當它們發送消息到下視丘時，你的杏仁體也發送消息給腦幹的一組神經元。這些神經元統稱為顏面運動核，控制我們在情緒表達時製造的臉部表情。這些臉部表情是相對普遍的，在不同的文化中，也能看到許多相似之處。從臉部的上到下，一個憤怒的人會張大眼睛，並強迫眉毛向中間壓下，形成臭名昭著的「皺眉」，經常與壓力和擔憂

相關。眼睛可能會凸出或形成強烈的凝視。鼻孔會張開，嘴唇收緊使嘴角下垂，或者張大成一個方形，並露出牙齒。與此同時，下巴可能會緊緊咬住或突出向前。

　　一位情緒研究者——保羅‧艾克曼（Paul Ekman）博士，在 1987 年和同事進行了一項尋找情緒表達普遍性的特殊研究。[八]他邀請來自十個不同國家的 500 多名參與者，查看十八張表達特定情緒者（快樂、驚訝、悲傷、恐懼、厭惡和憤怒）的照片。他們要求參與者評估照片中的人，在上述六種情緒中，各自呈現出多少。艾克曼發現，不論參與者來自哪個國家，他們大部分都能認出照片中想要表達的情緒。換句話說，無論觀察者在哪裡生活和成長，當照片中的人試圖展現憤怒時，幾乎總是被認為是在生氣。

　　這是一個在情緒研究大計畫中非常重要的發現，與本書的整體主題相關，也就是只要能理解、管理並以健康的方式使用憤怒，憤怒對你來說就是有益的。基本上，艾克曼發現了跨文化的情緒表達普遍性。如果來自全球的人類以基本上相同的方式表達他們的憤怒，就說明這是一種天生的表達方式。而如果這是內建的，那麼可能代表在演化中，它達到了某種目的。

　　從這個角度思考，如果情緒表達完全是（或主要是）從我們的照顧者那裡學習，就會看到跨文化中存在巨大的

差異。在澳洲表達憤怒的方式，與在北美的表達方式將有很大的不同。事實並非如此。我們看到憤怒及其他基本情緒，如恐懼、悲傷和快樂，在不同文化中都很容易被識別，即使是那些彼此幾乎沒有接觸的文化。

這並非旨在淡化文化差異對情感表達之影響的觀點。這種差異確實存在。然而，這些差異通常是天生表達的最小或最大化（例如，在日本微笑時間的長短可能不同於在美國）。1990 年，大衛・松本（David Matsumoto）博士要求來自日本和美國的參與者，評價在不同社會情境下，不同情緒表達的適當性，藉此測試這個想法。他們向參與者展示情緒表達的照片，同時詢問在不同情境下，表達這些情緒的適當性，例如獨處時、在公共場合、與家人一起等等。他發現，日本和美國的參與者在不同情境中表達情緒的適當性上，存在著差異。例如，日本參與者認為向地位較低者表達憤怒較為適當，而美國參與者則不同。

我們稱這些有關情緒表達的不同期望為「表達規則」，並從照顧者和同儕那裡學到這些規則。當我生氣時表現的情緒是天生的，但展現的方式、時間長短，以及展現給誰看，都是根植於從父母那裡學到的表達規則。如果你的爸媽生氣時會尖叫和大吼，那麼你也很可能會這樣做。有些情況是藉由模仿而來，透過觀察我們的榜樣是如何表達憤

怒，藉此來學習。然而，有時則透過更直接的獎勵和懲罰。當孩子們是用打人來獲得想要的東西時，他們就學會了打人；因壓抑情緒而得到獎勵時，他們就學會了壓抑。

　　然而，憤怒的臉部表情並非總是自主的，而且差很多。想像一下，你正在和老闆開會，有人說了一些讓你生氣的話。你感到憤怒，卻因為老闆在場，所以覺得有必要隱藏情緒。很可能，在你控制住那種憤怒之前，有一瞬間你的臉會出賣自己，會議中的每個人對於你的憤怒都清晰可見。這反映了自願情緒表達（由你的主要運動皮質區控制）和非自願情緒表達（由次皮質系統控制）[21] 之間的差異。當你被挑釁時，大腦深處的那些結構會在你能夠故意做出情緒反應之前，立即啟動臉部反應。不過很快地，你的主要運動皮質區，也就是大腦前葉的一個結構，接管並啟動有意識的表達，展現出的情緒可能與實際感受一致或不一致。[22]

---

[21] 這有助於解釋照片中人工微笑的虛偽性。有意複製真正的、出自喜悅的微笑是一項技巧，而有些人就是沒有這種技巧。

[22] 這些即時的臉部表情被稱為「微表情」，保羅・艾克曼博士建議關注它們，是用來辨別人們是否誠實的一種方式。微表情顯示人們的真實感情，而之後的表情則表達出對方希望你認為的情緒。

生氣的姿勢

事實證明，我們不只用臉部表達情緒，還會採取特定的姿勢，以整個身體表達情緒。這種姿勢及生氣的臉部表情，有助於向他人傳達我們的憤怒，這是情緒的重要功能。不僅如此，這種姿勢似乎也向我們傳達自己很憤怒的訊息。

儘管聽起來有些繁瑣，請細想以下例子。在我教授的「情緒心理學」課程中，我要求學生採取特定情緒（憤怒、悲傷、恐懼和快樂）的身體姿勢和臉部表情，以了解他們的感覺。對於憤怒，我給他們以下指示：

將眉毛緊緊皺在一起，向下拉。緊緊咬牙，嘴唇貼在一起。將雙腳平放在膝蓋正下方，前臂和手肘放在椅子扶手上。現在緊緊握拳，身體稍微向前傾。[23]

考量到課程的性質，對他們來說，我為什麼要求他們這麼做，以及預期的結果相當明顯。然而，他們經常告訴我，採取這種姿勢會讓人感到（雖然只是微微地）與該姿勢一致的情緒。當我指示「揚起眉毛，睜大眼睛。整個頭部向後移動，下巴稍微收進來，並讓嘴巴放輕鬆，稍微張

開一點」，他們回報感到害怕。當我告訴他們「把嘴角向上和向後推，輕微張開嘴巴」時，他們回報感到快樂。

這些指示來自 1999 年的一篇文章〈臉部表情和身體姿勢對情緒感受的分離和結合效應〉。[九]作者想確定採取特定情緒狀態（憤怒、悲傷、恐懼與快樂）的臉部表情和身體姿勢，是否會使參與者確實體驗到目標情緒，也就是說，採用快樂的表情是否會讓人感到快樂。此外，他們想分別探討姿勢和臉部表情的效應（只做臉部表情、只做姿勢，以及臉部表情和姿勢結合在一起）。他們發現，至少對於憤怒來說，這些條件中的每一個（僅臉部、僅姿勢和兩者結合）都會引起憤怒，而兩者結合所引起的憤怒情緒最為強烈。

將這些不同要素串聯在一起，情況如下。我們注意到一個挑釁，杏仁核透過刺激下視丘和臉部運動核來做出反應。不到一秒鐘，下視丘就會協調生理反應以應對挑釁。

與此同時，我們的臉部運動核指導臉部肌肉做出憤怒的表情。此時，距離挑釁還不到一秒，訊息已經傳達到前額葉皮質層，這是我們開始決定如何應對的時候。我們選擇以生理表達憤怒，還是用言語表達？我們是否壓抑憤怒，以保持和平？我們是否深呼吸，試圖加速回到輕鬆狀態？現在恢復控制後，我們採取什麼臉部表情和姿勢？這些都

是複雜的問題，需要解釋許多背景訊息才能回答。

---

23 看著一屋子的學生被指示要憤怒地瞪著你，這確實令人感到有些不安。

情緒的演化價值

當我們思考憤怒體驗中，所有不同的生理成分時，其實它們都反映了憤怒的一個關鍵事實。就像所有情緒一樣，憤怒存在於身體裡，它為我們的人類和非人類祖先提供生存利益。這些大腦結構、臉部表情和身體姿勢並非偶然發生，而是在數億年間，我們的祖先在自然界的敵對力量中生存下來的過程中所形成。

事實上，達爾文寫於 1872 年的書《人類和動物的情緒表達》（*The Expression of the Emotions in Man and Animals*），曾談過這種表達方式。在這本書中，達爾文主張我們可以看到動物和人類表達各種情緒（包括憤怒），有顯著的相似之處。他描述當狗有敵意時，牠們會露出牙齒，背上的毛會豎起來。同樣地，貓會透過拱背，變得更具威嚴。談到我們最接近的親戚──靈長類動物，達爾文描述某些猴子在生氣時會臉紅，某些猴子會兇猛地瞪著挑釁者，還有一些猴子在生氣時會緊咬嘴唇或露出牙齒。同樣地，他甚至描述一些狒狒在發怒時，會用手敲打地面，並將這件事比作人類在生氣時可能敲打桌子。

憤怒的三個好處

在你的進化歷史中，憤怒有三項至關重要的功能，現在也以其他方式對你有益：

1. 憤怒提醒你不公平。
2. 憤怒激勵你面對不公平。
3. 憤怒向他人傳達你的狀態。

提醒你不公平：杏仁核，這個接收訊息並啟動憤怒反應的情緒電腦，在大腦結構中具有一些最深層的演化根源。因為它透過恐懼警示早期生物面臨危險，同樣透過憤怒警示不公平，為它們提供生存利益。當你的杏仁核向大腦中其他附近且同樣古老的結構發送憤怒信號，就是大腦在告訴你，你正受到虐待。

基本上，它提醒你關於周遭環境的問題。當我在課堂上講到這一點時，學生瘋狂地寫筆記，沒有看向我，我便大力敲桌子嚇他們，而他們的反應是可以預料的，有些人微微跳起，其他人甚至倒吸一口氣。他們都會看向我這邊，忘記自己正在寫筆記。雖然這種情況是恐懼，而不是憤怒，但它說明了杏仁核所提供的生存利益。當你注意到潛在的

危險或不公平時，就會放下一切，專注於威脅或問題。學生們正在寫的筆記不再重要，因為他們可能處於危險或受到攻擊。

激勵你面對不公平：同樣重要的是，當大腦中另一個非常古老的結構——下視丘，啟動戰鬥或逃跑反應時，就是在重新分配身體的能量，以應對不公平或解決問題。當面臨像是其他駕駛人擋住我們的路、足球比賽中裁判犯規，或有人殘酷地對待我們時，我們的交感神經系統就會啟動，我們的身體為戰鬥做好準備。我們的心率、血壓和呼吸增加，將氧氣運送到四肢，使我們能夠發揮更多氣力。我們的瞳孔擴張，眼睛也張大，以改善視力，我們開始出汗以冷卻身體，我們的身體關閉消化系統中的非必要器官，以保留能量。現在我們將能量集中在正確的地方，以應對不公平或解決問題。

傳達你的憤怒情緒：情緒溝通是經由我們的臉部表情和身體姿勢達成，對於人類和動物的生存同樣至關重要。當我們做出憤怒的表情或採取憤怒的姿勢時，就是正在告訴周圍的人，該如何接近我們。達爾文曾指出，大多數物種在受到挑釁時，會試圖讓身體變得更強大，可能是為了讓敵人恐懼。像狗和貓，可能會豎起毛髮和弓起背部。而熊則會以後腿站立起來，將前腳舉到空中。甚至鳥類也會

將羽毛弄得蓬鬆，讓自己看起來更大一些。

這種姿勢和臉部表情是很重要的溝通工具，因為它們可以在爭鬥開始之前停止一場爭吵。在動物中，我們經常稱這些舉動為「威脅姿勢」，特別是生氣的臉部特徵（露出牙齒、瞪視）。當我們瞪著人們或抿起嘴唇時，等於是在告訴人們要謹慎接近。我們正在發送一個非常明確的訊息，也就是我們生氣了（也許是對他們），而他們應該小心與我們互動的方式。

更微妙的是，憤怒的微表情可以向孩子或配偶傳達，他們所做的某些事情是殘忍或令人受傷。這是一種無需言語的方式，就可以表達「請不要再這樣做了」。例如，我記得自己經常試著判讀父親的表情，在晚餐桌前或他下班回家時，我必須知道他是否在生氣，因為需要清楚該如何接近他。如果他生氣了（無論是對我，還是對其他人），我就知道某段時間內不該與他互動，為他留一些空間。我學會那些不是開玩笑或耍愚蠢的好時機，他的憤怒對他而言很適用（不一定對我或我們的關係適用），因為這表示當他不想受到打擾時，人們會讓他獨處。

活動：重新分析憤怒事件

讓我們重新回顧你在上一章中繪製的憤怒事件，只是這次將著重於三個具體的問題：

1. 你的憤怒是如何提醒你注意不公平？你的心靈／身體以什麼方式傳達，你受到了不公平的對待？
2. 在你的身體中，憤怒是什麼樣的體驗？在生理方面有什麼感覺，在應對不公平時，它如何有幫助或傷害你？
3. 你如何以口語和非口語的方式表達憤怒，包括你的姿勢、有意和無意的臉部表情？

極其複雜的大腦活動

　　這種協調的生理和行為反應實在非常不同凡響。當你考慮到所有參與其中的結構，以及它們的發生速度，簡直令人驚嘆。同時，我們的大腦還參與另一個複雜且更加神祕的過程；它正在思考和解釋挑釁。它試著理解發生了什麼事，並判斷為什麼會發生、誰要對此負責，以及情況有多糟糕。

04

憤怒思維

我們是否違反了不成文的規則？

　　2020 年 1 月 31 日，溫蒂・威廉斯（Wendi Williams）搭乘一架美國航空公司的航班，從路易斯安納州的紐奧良，飛往北卡羅來納州的夏洛特。她是一名教師，參加完教學研討會後準備返家。這是一段相對較短的飛行，不到兩個小時，當有機會舒服地坐著時，她抓住了機會，把座椅往後傾斜。她完全不知道這樣做會引發一連串事件，導致網路上對飛行禮儀的大規模辯論。

　　如果你不熟悉溫蒂的故事，這裡有個簡要的回顧[24]。坐在她後面的男人（身分未知）是最後一排，因此無法將座椅往後傾斜。根據溫蒂的一條推特文，他用「略微強硬」

的口氣，要求她在用餐時將座椅往上拉起。她照做了，但用餐後，她又把座椅往後傾斜。他對此感到生氣（同樣地，也是根據她的推文），開始「猛烈敲打」她的座椅，敲打座位背面約九次。她開始用手機錄下這次互動。在這段大約四十五秒的影片中，可以看到他用拳頭反覆敲座位背面，力道不足以傷害她，但足以讓人感到惱火。某一刻，他向前傾身對她說了些什麼，但不是很清楚，然後繼續敲打座椅背面。她聲稱他之前敲打得更用力，一旦她開始錄影，他才停止。

幾週之後，她用推特發布這段影片，幾乎立即引發一場網路風暴。隨之而來的是一場線上辯論，關於什麼時候可以將座椅往後傾，他的表現是否合適，甚至溫蒂是否說實話的辯論。相關機組人員的行為也受到質疑，人們開始討論是否應該解雇機組人員，以及溫蒂是否該提起訴訟。與此同時，有關現代社會缺乏文明禮貌的評論文章出現了，並且已經有多篇關於何時可以將座椅往後傾的指南。甚至達美航空公司的執行長艾德·巴斯蒂安（Ed Bastian）也發表看法：「我認為正確的做法是，如果你打算將座椅往後傾，應該先詢問對方，然後再做。」[25]

我之所以對這個故事感興趣，並不是因為隨之而來的辯論，而是坐在溫蒂身後那名男子的憤怒反應。假設我讀

到的敘述是準確的，這裡存在一個非常有趣的認知現象，他和許多參與此事件的人似乎都在遵循一種不成文規則，並且期望其他人也同樣遵守規則。

我之所以說「不成文規則」，是因為據我所知，航空公司的乘客並未被告知不能將座椅往後傾的時刻。事實上，根據我的經驗，航空公司積極鼓勵乘客傾斜座椅，並透過如「坐下，放鬆，享受飛行」的語句，告訴你何時可以傾斜座椅，以及何時需要將座椅收回。因此，這個「人們不應該傾斜座椅」的規則，並非航空公司宣傳的事情，至少從該事件的後果來看，這種規則並未被普遍接受。透過閱讀網路上的相關回應，有些人似乎可以接受傾斜座椅，也有人認為這是粗魯的行為。根據我今天早上閱讀的三篇有關飛機座位斜倚之指南，其中一些指南對所有情況進行複雜的運算，說明我們可以在前面的人傾斜座椅時斜倚，當後面的人不是太高時斜倚，但用餐時不要斜倚，而且只在長途飛行時斜倚。

如果我們從坐在溫蒂身後那名男子的角度，來分析這次憤怒事件，會如下所述。觸發點相當簡單：溫蒂座椅往後傾。雖然沒和他談過很難確定，但我們可以稍微猜測他的憤怒前狀態。他正在飛機上，乘坐經濟艙，所以他可能不太舒服（那些座椅也許很狹窄）。像許多人一樣，或許

他對飛行感到焦慮,而且也可能準備好去面對旅行時常引起的其他強烈情緒[26]。然而,他的評估似乎相當明確。對於溫蒂將座椅往後傾的行為,他已經解釋為粗魯。他正在進行第二章討論過的「他人導向的應該」思考方式:「其他人不應該將座椅往後傾,她這樣做很粗魯。」

這些「他人導向的應該」之想法,不僅引起他對她的憤怒,還影響他的行為反應,也就是打擊她的座椅。他的解釋不只是她不該傾斜座椅,而且他能被允許對她進行懲罰。基本上,他是在說:「她的行為是錯的,我生氣是正確的,我有權試著阻止她。」根據網路上對此事件的反應,有許多人贊同他。

我應該特別明確地說明,我並不是為傾斜飛機座椅的決定辯護。在此之前,我從未真正思考過這個問題,也不知道有相關的禮儀,而這讓我對此更感興趣。這些不成文的規則流傳甚廣,而我卻在毫不知情的情況下違反了。這些規則無所不在。在電扶梯上應該走動,還是站著不動?在公共場所使用手機時,說話能多大聲?你應該使用信用卡,或者有時用現金也可以?對於某些規則,人們有著堅定的意見,並且當別人違反時,也會引發憤怒。

24 我是透過關於這件事的各種文章，以及溫蒂・威廉斯有關事件的推文，拼湊出這個故事。可能我提出的故事版本，並不完全符合實際情況。不過好消息是，細節並不像事件的大局和整體反應那麼重要。

25 你認為達美的執行長會坐經濟艙嗎？

26 身為一名情緒研究者，我喜歡機場，沒有比機場更適合觀察情緒的地方。對飛行的恐懼、對延誤的沮喪、對離別的傷感，或者對前往新地方的喜悅，這裡有太多強烈的情緒了。

憤怒的思考

　　大約二十年前，我和導師艾瑞克・達倫博士會面。我剛完成碩士論文，是時候將注意力轉向博士論文了。我不記得當時正在考慮哪些選擇，但確信自己想要選擇相對簡單和直接的主題。我看到很多人因為複雜的博士論文，被拖延畢業時間，而我不希望發生在自己身上。我不同於那些人，因為我真的熱愛研究，並計畫在畢業後繼續研究。也就是說，承擔過大的項目，對我的職業生涯可能產生負面影響。心理學領域充滿「一切都有，除了博士論文」的人，我真心不希望這種情況發生。

　　我想做一些與憤怒思考有關的事情，艾瑞克和我正在討論一些可能性。他說：「問題在於我們沒有辦法測量憤怒思考……這就是你的博士論文。你應該開發一份有關憤怒思考的調查問卷。」

　　我有點驚慌。製作調查問卷可能相當繁瑣且耗時，這代表一些初步研究，從大量參與者那裡收集資料，以及使用一些我還沒學到的統計方法。針對這個建議，我緊張地笑了，然後他說：「說真的……考慮一下。這將對該領域做出重要貢獻。」

　　所以我們做到了。我們仔細研究與憤怒相關的認知評

估文獻，並確定了不同類型的憤怒思考。我們採訪路人有關他們的憤怒思考，編寫了調查問題，讓專家審查，再修改那些調查問題，並請專家再次審查。我們從數百人中收集初步數據，然後縮小問題範圍，經過所有的步驟後，我們從近四百人中，收集了關於他們生氣時的思考類型資料。我們將資料與衡量憤怒、悲傷和焦慮的調查進行相關分析，探討最憤怒的參與者和最不憤怒的參與者之間的差異，並建立最終的調查問卷，稱為「憤怒思維量表」[27]。

「憤怒思維量表」衡量了與憤怒有關的研究中，概述的五種相互重疊的憤怒思維類型：過度概括、要求過高、錯誤歸因、災難性思維和煽動性標籤。可能還有其他的，我們將在進一步的討論中提到，但這五種類型很顯著，通常是引起憤怒增加的思維。

過度概括：你是否曾遇到紅燈停下來，然後對自己說：「為什麼我總是碰到紅燈？」或者也許是一個同事忘記做某事，你說：「他總是這樣！」這些都是過度概括的例子，我們會以過於廣泛的方式描述事件。這種思維類型相對容易注意到，因為有一些標準詞語可以查看：總是、從不、每個、沒有人。

過度概括與憤怒有關，因為你最終會把孤立的事件視為一個模式，並做出回應。在你的心中，它不再是發生於

那一刻的單獨事件，而是成為長期存在且不斷重複的情況。在上面的例子中，你不再只是被一個紅燈阻擋，使旅程延遲幾分鐘。你已經將這個單獨的例子，轉化為一系列不斷拖慢你速度的負面事件。你現在總是被紅燈耽誤，因此經常遭遇行程延誤。你的同事不單是犯了一個錯誤，讓你必須做額外的工作。他總是犯這些錯誤，使你的工作量增加，並加劇了你的痛苦。

要求過高：當人們把自己的願望和欲望，置於周圍人的願望和欲望之上時，就是要求過高，包括我們已經談過的那些「他人導向的應該」思維。當前面的車開得比他們想的慢時，他們的反應可能是：「這個人需要加快速度，這樣我才能上班。」當他們在商店排隊等待，前面的人花的時間比平常長，他們可能會想：「這個地方需要更多的員工，這樣我就不必等那麼久。」

這些要求過高的思維之所以導致憤怒，原因相對明顯。每個人在一天中都有未達成的願望。人們開車比我們想的慢，服務人員可能需要比我們預期的時間更長，或同事可能不專注於我們希望他們專注的工作。當我們經歷這些未達成的願望和欲望時，有很多方式可以解釋它們。我們可以意識到，世界並不總是按照自己希望的速度運轉，或者可以將這些未達成的願望，提升到一種命令的程度。

假設其他駕駛人實際上是按照或接近速限行駛，只是因為想讓他們按照我們想要的速度行駛，就說他們應該加快速度，這不一定合理。同樣地，同事可能有互相競爭的工作需求，不一定必須在我們希望的時間內，專注於我們想要他們專注的工作。要求過高通常歸結為，對人們應該或不應該行事的一些不成文規則，事情應該或不應該花多長時間，以及我們應該或不應該得到的東西。當人們沒有與他們互動的人共享相同的規則時，通常就會引發憤怒。

　　錯誤歸因：想像你正在某個地方排隊等候，有人走過來，在你前面插隊。你可以用多種方式解釋這種情況。一種可能性是，他們只是沒看見你站在那裡，這是一個意外。另一種方式是，他們絕對看到你站在那裡，卻故意插隊。你甚至可以對這種行為背後的原因，提出其他想法（例如，因為你看起來軟弱，他們認為可以欺負你，由於他們覺得自己比你重要）。

　　當人們對因果關係進行錯誤解釋或歸咎錯誤時，我們稱之為錯誤歸因，這是另一種常見的憤怒思維。實際上，它可以有很多不同的表現方式。在上面的例子中，它是對某人為什麼這樣做的解釋，但也可能是我們把錯誤歸咎於不對的人。下班回家時，你看到地上有一灘水，然後指責你的其中一個孩子弄成這樣卻不清理。考慮到過去的行為，

這可能是合理的猜測，但後來你發現，實際上是你的伴侶弄髒的，並且正要清理。憤怒是由於錯誤歸因而出現。

這種思維與憤怒密切相關的原因相當明顯。如果我們將負面的事情解釋為別人故意造成，當然可能會對自己認為的肇事者感到憤怒。有趣的是，有些人是多麼迅速地外部化責任。例如，當人們丟了車鑰匙時，他們可能會說類似「車鑰匙去哪了？」很微妙的是，這種表達方式將責任外部化到車鑰匙身上，而不是將責任放在所屬之處，像「我把車鑰匙放哪了？」

災難性思維：當我們評估觸發憤怒的來源時，大多數的思維類型是關於初級評估。然而，災難性思維更傾向次級評估，用於評估自己應對憤怒的能力。如同名稱那樣，災難性思維是指我們對事情的看法過分誇張，或為事件貼上非常負面的標籤。你遇到一個相對較小的挫折，然後就說：「好吧，現在整天都毀了。」

你正開車上班，交通卻出奇的糟糕。你不知道為什麼（提供了錯誤歸因的機會），但你明白這樣將會延誤上班時間。然而，關於這種延誤對你的生活有什麼意義，可以有很多種詮釋。其中一種可能是，計算一下實際上會晚多久，以及將如何影響你的一天。也許它會拖延你二十分鐘，這確實令人沮喪，但不一定是災難性的（當然，取決於你

計畫在那二十分鐘做什麼）。更具災難性的回應，是開始產生類似「現在我一整天都被毀了」或「這破壞了一切」的想法。

這種誇大的傾向，使人們更難應對負面事件。當你將事件的結果解釋為災難性時，會開始感到失控，感到整個世界對你不利，而你無能為力。

煽動性標籤：當我們給人或情況貼上極其負面、煽動或殘酷的標籤時，就會比平常更生氣。[28] 比如餐廳裡服務生送錯食物時，你可能會叫他們「白痴」。當一位同事未能按時完成專案時，你可能會說他們「一無是處」。當開車時，有人擋在前面，你可能會說他們是「傻瓜」。這些標籤會增加我們對負面事件的憤怒程度，因為它們削弱了我們判斷這些情況的意義時，當中的細微差別。

例如，我們的同事可能不是「一無是處」。更準確地描述，可能是更為細緻的解釋，也就是他們只是犯了一個錯誤，或他們工作過量，以至於無法按時完成專案。這不代表我們不該生氣，也不會消除遲到的過失。但是，更準確地解釋他們的工作，或許可以減少憤怒。

我們為他們貼上負面標籤，很容易被認為是因為我們對他們感到憤怒，而不會想到標籤可能會如何影響憤怒。當然，或許這是真的，如果我們不生氣，就不會稱他們為

傻瓜了。麻煩的是，一旦我們將剛剛超車的駕駛稱為傻瓜，就會繼續以這種方式看待他們，並做出回應。當對他們知之甚少時，尤其如此。我們不會認為這些人也許非常聰明、只是犯了一個錯誤，我們現在將他們視為傻瓜，並用這種方式對待他們。

---

27 儘管我們在量表上投入許多努力，但顯然未在該量表的名稱上付出太多心思。

28 撰寫煽動性標籤時，幾乎不可能不說髒話。話雖如此，但我決定不這麼做，因此有些例子聽起來有點做作。如果你和我一樣容易說髒話，請根據情況插入更有色彩的語言（例如「真笨」可以變成「真是個該死的笨蛋」）。

未必「不理性」

　　有些人稱這些思維為「認知扭曲」或「不理性信念」，這是知名的認知治療師亞倫・貝克（Aaron Beck）博士和亞伯・艾里斯（Albert Ellis）博士分別使用的詞彙。他們認為，人們之所以感到生氣（或悲傷、害怕、內疚等）的部分原因，是因為他們並未準確地看待和詮釋世界。從一些認知治療師的角度來看，人們經歷適應不良的情緒，是因為擁有適應不良的認知。說實話，我的早期工作，包括碩士和博士論文，都使用了這種語言。這並不完全公平。這些想法不一定是不理性或扭曲的，有時它們很準確。有時其他人的確要為我們所面臨的問題負責，有時事情應該運作得比現在更好，有時事情確實很糟糕。

　　姑且不論思想的準確性如何，我們知道那些經常這樣思考的人，很可能會更頻繁和強烈地感到憤怒。使用我和艾瑞克開發的評估工具，我們發現這些思想類型與憤怒體驗和表達之間的關係。他們更常感到憤怒，並以更具敵意和攻擊性的方式表達。[十]他們甚至因為憤怒，遭受到更多後果，例如肢體和言語上的衝突、危險駕駛或其他令人不悅的情緒，如悲傷。此外，在後來的一項研究中，我們要求他們想像一個生氣的情況，來激怒他們，擁有這些思維類

型的人更容易憤怒，也更有可能產生報復的念頭。[十一]

為了真正說明這一點，請參考以下圖表。圖中比較了我們收集的資料中最憤怒和最不憤怒的人。實線代表最常以適應不良的方式經歷憤怒的人，虛線代表著相反情況，即很少生氣的人。

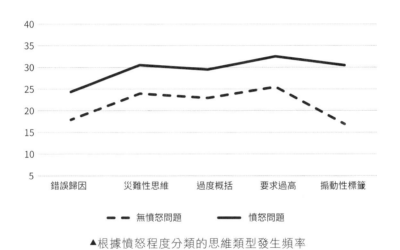

▲根據憤怒程度分類的思維類型發生頻率

你可以看到，憤怒組更容易出現錯誤歸因、災難性思維、過度概括、要求過高，以及替他人貼搧動性標籤。現在，你可能傾向於認為要求過高是最大的問題領域，因為在五種思維類型中，它的分數最高。然而，請注意憤怒組和非憤怒組在搧動性標籤方面的差距。在大多數類型中，

憤怒組的分數約比非憤怒組高 5 到 7 分。但就**搧動性標籤**而言，這個差距多達 14 分，至少是其他思維類型差距的兩倍。這裡看出的明顯暗示是，儘管這些思維都會導致憤怒，但替他人貼負面標籤的傾向最危險。

爲憤怒進行評分

在第二章中，我提過諾亞這位對同事感到憤怒的演員。當我和他交談時，詢問他在發生這種情況時的思維。他將自己的思維分成兩個類別：當下他在想什麼，以及稍後在回家的路上，他仔細考慮當時的狀況，心裡在想什麼。在當下，他陷入了「你在幹什麼」和「離我遠一點」等思緒中。然而，在回家的路上，當他反思這件事時，有了一些非常重要的想法，有助於解釋當時的憤怒。

他說：「第一次出錯時，我只是想，喔，好，劇團現場就是這樣，就這麼過去了。但我對於犯錯有點潔癖，我不喜歡同樣的錯誤出現兩次，而且絕對不喜歡身邊的人犯同樣的錯。這是你的工作，不是我的。你應該要做好。一般情況下，我不會對此感到擔憂，但在當時那種情況，有著不同的壓力，對我來說控制自己更難了。」

要真正理解諾亞對該情況的解釋，我們需要看後段的故事：當他花時間與服裝師談論發生的事情。你可能還記得，在排練結束後，他對服裝師說了以下的話：

首先，我很抱歉在後臺換裝時生氣了。你必須理解，當只有你和另一個人在場時，記住兩小時戲劇的臺詞有

多困難。當時我腦中有許多事情要處理，而你和戴娜（另一位服裝師）對這個過程的重要性，以及為什麼你們會在謝幕時出來一同鞠躬，是因為你們讓我和艾倫（他的搭檔）不必考慮換裝的事情，你們讓我們能夠進入一個有序的世界。而這就是我們為什麼要排練這些事情，也是你應該把它們寫下來的原因，並且時時刻刻想著：『接下來是什麼？』然後開始準備。我不想下臺時還要考慮場景的變換，我有太多其他事情要考慮。這不是我的工作，而是你的工作，我之所以會如此生氣，是因為我非常重視這件事，這是我的職業生涯。如果我表現不好，就不會再被雇用。就這麼簡單。這就是為什麼我努力做到最好，也堅持和我一起工作的人也要做到最好。所以我只想讓你知道，我非常喜歡你，覺得你很好，除了這個問題，我真心覺得你是最棒的。但如果明天晚上再次發生這種情況，我會在你睡覺時殺了你。

這次互動告訴我們，諾亞對於這種情況的解釋。我們聽到他說了以下幾點：

⊛ **你必須理解，把兩小時的臺詞背好是多麼困難。**
⊛ **那不是我的工作，是你的工作。你應該要做好。**

- 這是我的事業。如果我表現不好，就不會再被雇用。
- 這就是為什麼我試著做到最好，也是為什麼我堅持與我合作的人，也要做到最好。

　　他的解釋看起來是：「我的工作很難做好。如果我做不好，對我來說後果很嚴重。我堅持要求你做好你的工作，這樣我才能做好我的工作。」如果我們根據憤怒思維量表的思維類型（從最低的 1 分，到最高的 5 分）對這些陳述進行評分，就會像這樣：

- 過度概括：1。這裡我們並沒有看到太多過度概括的言辭。過度概括的言辭可能是像「他總是犯錯」或「他從不按照我希望的方式做」。
- 要求過高：4。他的思考過程中有很多的要求過高：「你必須要明白」、「你應該要做這個」和「我堅持與我合作的人，也做到最好」。
- 錯誤歸因：1。在這種情況下，沒有見到這一點。如果他對服裝師為何犯錯進行猜測（比如「他是故意這樣做」），可能就會相關。
- 災難性思維：5。諾亞明顯將此事件解釋為相對災難性。透過說出「如果我表現不好，就不會再被雇用」之類的

話，他指出這樣的錯誤，可能導致他的職業生涯結束。

- ☯ 煽動性標籤：1。至少在表面上，他並沒有用非常貶低的方式描述同事（他並未使用「無能」或「白痴」之類的詞語）。事實上，除了這個特定事件，他對他說了很多好話。

活動：映射出你的憤怒思維

在之前的章節中，你已經對一個憤怒事件進行分析。我想回到那個事件，並專注於評估過程。回想一下你在那個時刻的思維（包括初級評估和次級評估），盡量列出你能記住的所有內容。

現在，花點時間對上述每種思維類型中的整體想法進行評分，從1（一點都沒有）到5（相當多）。換句話說，當你閱讀這些想法時，災難性思維、過度概括等的程度有多少？是一點都沒有，還是有一些，或者相當多？

- **過度概括：**

  1 ＝一點都沒有；2、3 ＝一些；4、5 ＝相當多

- **要求過高：**

  1 ＝一點都沒有；2、3 ＝一些；4、5 ＝相當多

- **錯誤歸因：**

  1 ＝一點都沒有；2、3 ＝一些；4、5 ＝相當多

- **災難性思維：**

  1 ＝一點都沒有；2、3 ＝一些；4、5 ＝相當多

- **煽動性標籤：**

  1 ＝一點都沒有；2、3 ＝一些；4、5 ＝相當多

　　如果想以憤怒思維量表為基礎，了解自己在這些思維上與其他人的比較，可參考這個連結：alltheragescience.com/surveys/

生氣的權利

　　我想再強調一下，我不知道也不認為諾亞的詮釋是錯的。事實上，我認為想要與期望同事能做好他們的工作，並且不犯太多錯誤，乃是完全合理。我在想諾亞是對的，表現不佳可能會讓他未來更難找到工作。演藝圈可能相對較小，而失敗也許會造成反響。這就是我所說的，有時候，我們有生氣的權利。

　　儘管如此，在憤怒研究文獻中，有個明確且一致的發現是，不是每個人都有同樣的權利生氣。儘管有些人可能因為憤怒，而受到獎賞和讚揚，但其他人卻被告知要文明、冷靜下來，甚至失去了可信度。在我們完全認識憤怒的陷阱和積極作用之前，必須認識到其結果並非平等分配。

05

種族、性別與憤怒

誰有權生氣？

在我發表 TED 演講（「為什麼我們會生氣？為什麼生氣有益身心？」）幾天後，參加了一個當地活動家的座談會，位於威斯康辛州的綠灣。活動主題圍繞著社群媒體上的公民辯論。主講人是威斯康辛大學奧斯哥斯分校的傳播學教授，東尼·帕爾默利（Tony Palmeri）博士，他廣泛地談到禮貌的意義，並探討「禮貌武器化」的概念。他描述了一種情景，同一城市的兩個社區擁有完全不同的資源。一個社區有許多公園和綠地供孩子們玩耍，而另一個則幾乎沒有這樣的空間。一個社區有美麗的住宅、安全的街坊和優質的學校，而鄰近的社區則是住家和學校都年久失修。

他說：「在火車軌道那一邊的人，不可避免地生氣並發表意見，而此刻來自『更美好』地區的某人會說『我們必須有禮貌』……我想請求你們所有人問自己，在這個例子中，真正的無禮在哪裡？」

我們經常看到這樣的情況發生。一個族群受到系統性和深刻的不平等待遇，當他們以任何形式的憤怒回應，無論是否和平，他們都被要求尊重或表現得有禮貌。正如帕爾默利博士所指出，在 2015 和 2016 年，當密西根州弗林特的飲用水變得有毒時，市民大聲疾呼，有時甚至採取激烈的手段。

當時的密西根州州長瑞克‧史奈德（Rick Snyder，後來被 VICE 雜誌的文章指控他謊報和掩蓋危機）發表了一封公開信，呼籲公共辯論中要保持禮貌。[十二] 幾個月後，在卸任前的最後一次演講中[十三]，他將缺乏禮貌描述為對國家的最大威脅。[29] 弗林特的人民被政府毒害，然後被公開羞辱，因為他們未以正確的方式表達對這件事的憤怒。與此同時，當我寫這篇文章時，美國正在全國範圍內，爆發針對非裔美籍員警暴行的抗議活動。社群媒體充斥著要求抗議者保持禮貌、冷靜、尊重和和平的呼聲，即使他們正受到激進的警察襲擊，並被美國總統公開威脅。我們再次看到，那些受到特別不公平的對待和虐待的人，被告知應該

如何表達他們的憤怒。

　　這就是禮貌武器化表現出來的樣子，而這兩個例子的潛在訊息是種族。在這兩種情況下，有大多數是非裔美籍的抗議者，他們因為憤怒而受到羞辱，而壓迫者大多是白人。這也是帕爾默利博士的主題演講活動中討論的內容。在那天的座談會上，我也參加了討論小組，當我表達立場，認為憤怒是對虐待的一種健康反應時，另一位名叫安琪拉·朗（Angela Lang）的小組成員對我說：「我們可以談談誰有權生氣嗎？」

　　安琪拉·朗是黑人領袖組織社群的執行董事。她向觀眾描述，身為一名非裔美國女性，她的憤怒與那些從事類似職務的其他人相比，是如何被他人感知的：

　　當我看到我的同行們在做同樣的事情時，他們被視為堅定，他們以一種好的方式來表達侵略性。然而，我卻被負面地看作是一個憤怒的黑人女性。我需要被噤聲，回到語氣監管和文明禮貌，我認為現在真正相關的是這個標籤：#takeaknee。告訴別人有一種正確的方式來抗議，告訴別人有一種正確的方式來表達憤怒，這很諷刺，因為壓迫者竟然告訴被壓迫者，應該如何處理你的憤怒。這是我不參與社群媒體的一大原因……因為

當我為自己辯護、為自己的身分或信念辯護時，就被視為憤怒的黑人女性，然後一切就不再有意義了，因為我很容易被忽視：她只是在憤怒，所以她的觀點是站不住腳的，我真的不需要和她交流。

「誰有權生氣？」這是一個完全合理的問題，而且坦白說，是對我 TED 演講的一個合理批評。我的演講和本書背後的論點是，憤怒是生活中一種健康且強大的力量，我們應該將它當作動力，推動我們邁向有意義的改變。然而，這個論點內含的觀點是，表達憤怒有較好和較差的方式。我可以理解有人聽到我的立場，並將它解釋為有一種正確的憤怒方式。

為了真正證明憤怒在我們的生活中，是一種強大且健康的力量，我想承認一些事情：

1. 表達憤怒沒有單一的最佳方式。
2. 憤怒的表達方式，會根據生氣者的性別、種族和其他特徵而有所不同。
3. 這些表達方式的後果，會根據生氣者的性別、種族和其他特徵而有所不同。

在我的演講中，並沒有對這些觀點進行深入探討。本來我可以這樣做，也許應該這樣做。我不會再犯這個錯誤，所以現在要討論這些立場。

---

29 我必須相信，弗林特的人民認為他們飲用水中的鉛才是更大的威脅。

表達憤怒沒有最佳方式

　　首先，表達憤怒沒有單一的最佳方式。當你生氣時，能做的最好的事情，總是依情境而定。端看你是誰、和你在一起的人是誰、情況是什麼、目標是什麼，以及其他無數因素。認為我們必須隨時保持冷靜或永遠不要大聲喊叫，甚至認為我們必須始終保持和平，這樣的論點在此並不成立。[30] 當然，在某些情況下，保持冷靜是明智的，但有時大聲喊叫以確保我們的聲音被聽見，也有道理。有時，在當下壓抑情緒是最好的，也許是因為和我們在一起的人，或為了以後用更可能成功的方式表達。

　　最終，當我們生氣時，可以用無數種方式表達和利用憤怒。抗議、有組織的抵制、寫信活動和聯署，都是可行的選擇。有些人選擇將憤怒轉化為詩歌、藝術或音樂，而有些人可能選擇離開當下的情況，因為擔心自己無法保持足夠的冷靜，無法提高生產力，而後來卻能以一種更讓他們感到舒適的方式，來表達憤怒。這是我們將在本書後面詳細討論的事情，此刻重要的是，注意憤怒管理並不總是等於保持冷靜，完全不是這樣。通常情況下，它代表反抗不公和不義。

---

30 你現在可能已經知道，我對這種過度概括的看法。

對憤怒的看法不同

到目前為止，我在書中已經涵蓋了評估的絕大部分內容。評估是我們生氣的重要原因之一，其中一個重要理由是，評估是所有人際互動中，極具影響力的一項。人們根據感知與自己互動者的行為，來詮釋他們所處的情況。他們將自己的個人價值觀、觀念和偏見帶入詮釋中。我們可以把它當作是看待世界的一面濾鏡，並受到我們學習的歷程影響。當然，在生氣的背景下，表示生氣者的種族、性別和年齡（以及其他因素），在他人感知自己的生氣反應方面很重要。就像安琪拉・朗所描述的那樣，不是每個人都有同樣的自由，可以表達他們的憤怒。

有關此點的研究非常明確。最近有一個令人印象極其深刻且設計良好的研究專案，是 2017 年由潔西卡・薩萊爾諾（Jessica Salerno）博士和她的同事們通過多部分研究，探討了這個問題。[十四]首先，他們要求參與者表明其辨識並支持特定的情緒刻板印象之程度（例如女性比男性更情緒化，非裔美國人比白人更憤怒）。研究人員問了 88 名參與者，憤怒和恐懼是否為刻板印象中的一部分，對象包括非裔美國人和白人男性與女性。他們發現，在刻板印象中，白人男性比白人女性更容易憤怒，而非裔美國男女在憤怒

方面是相同的。同時，確認了朗的觀點，非裔美國女性比白人女性更憤怒。

這代表在更廣泛的背景下，正如作者所述，「表達憤怒證實了關於黑人男性和黑人女性的刻板印象，但違反了對白人女性的刻板印象。」換句話說，不論種族為何，當男性和非裔美國女性變得憤怒時，實質上是為旁觀者印證了刻板印象。基本上，就像朗在她的個人經歷中所描述的那樣，這種情緒更容易被忽視。然而，當白人女性變得憤怒時，違反了刻板印象，並且比旁觀者可能期望的狀況更不尋常。

這只是他們研究的第一部分。在第二部分中，他們探討女性在表達憤怒時，是否被認為影響力較小。這裡的方法複雜且迷人，請容許我解釋一下。為了測試這點，他們讓 266 名參與者以電腦觀看一場模擬審判，內容是關於一名被控謀殺太太的男子（基於一個真實審判）。研究參與者在審議中當陪審團成員，並閱讀其他五名陪審團成員的評論。

關鍵在於，研究參與者不知道其他陪審團成員是虛構的。他們認為自己正在與其他研究參與者互動，而實際上這只是一段腳本。在審查完審判證據後，他們被要求提供裁決，並用解釋支持其裁決。然後，他們發現其他五名陪

審團成員中，有四名同意他們的意見，但有一名「持不同意見」的成員。他們閱讀了其他陪審團成員的評論，然後再次重複相同的過程。他們進行這樣的過程數次，但持不同意見的成員，仍然不同意他們。最終，他們被告知由於時間不足，研究必須結束，審判將不會有最終裁決。

為了回答研究問題（「表達憤怒的女性是否影響力較小？」），研究人員操控了持不同意見成員的性別（分別稱為傑森或愛莉西雅），以及他們的情緒表達方式，發表像是「說真的，這讓我生氣／嚇到我了」這樣的陳述，甚至還添加驚嘆號和大寫字母[31]。研究人員「中斷」審議後，參與者填寫了一份關於其他陪審團成員的快速調查（最後，感興趣的真正結果來了）。以下是研究結果：

比起表達相同評論和相同情緒的持不同意見之男性成員，表達憤怒（和恐懼）的女性被認為更情緒化且影響力較小。換句話說，當男性表達憤怒時，並不會減少他們的影響力，但是當女性表達憤怒則會減少。正如朗在小組討論中所說的⋯⋯女性不能以與男性相同的方式表達憤怒。

薩萊爾諾博士及其同事在研究的第三部分又更進一步，他們做的事情和第二部分一樣，但這次操縱了持不同意見成員的種族。研究人員選擇了聽起來是「白人」或「黑人」的名字，男性叫做羅根或傑馬，而女性叫做艾蜜莉或

蕾特莎。這是基於先前的研究和試點分析所選擇的名字。[32]

第三部分發生了什麼事呢？根據第二部分的發現，我們可以預期結果。參與者中有 61％ 是女性，只有 20％ 是白人，當持不同意見者是非裔美國人（傑馬和蕾特莎）發火時，被認為影響力較小，而白人的持不同意見者（羅根和艾蜜莉）則否。儘管這些持不同意見者，提出了完全相同的論點，並以相同的方式表達憤怒，但根據種族不同，對憤怒的感知完全不同。

我想解釋一下作者在描述這些研究結果時提出的一句話，因為它與朗和帕爾默利的評論有關。文章中特別指出：「被視為情緒化可能會給人們一個與種族無關的許可證，去詆毀非裔美國人群體成員的觀點（但不會對白人群體成員產生同樣的效果）。」這個建議根植於所謂的「偏見的正當性抑制模型」[十五]，即人們試圖避免公然的偏見，但當他們找到自己認為是正當的東西時，最終還是會表達出來。人們有意或無意地尋找方法，懷疑女孩、女性、有色人種及可能是其他團體的人。在這種情況下，理由是情緒化的，它被用來貶低女性和非裔美國人的意見。他們想避免明顯的偏見，所以不是說「你的意見對我沒有價值，因為你是非裔美國人／女性」，而是說「你的意見對我沒有價值，因為你太情緒化／憤怒」。

31 比方說全球的通用語言——憤怒（RAGE）！

32 值得注意的是，這個研究小組為了確保沒有做出不合理的假設，付出了很大的努力。他們進行前導分析，確保選擇的名字確實引起參與者對種族的感知。後來，他們進行了一個操弄檢測，確認羅根和艾蜜莉確實是白人，而傑馬和蕾特莎是黑人。這點做得非常澈底，但讓我更加煩惱的是，研究往往被大眾和政策制定者所忽視，反而會受到軼事和個人意見的影響。

憤怒的後果大不相同

　　這些看法的差異，對已經處於邊緣化的族群，造成非常真實的後果。首先，因為你似乎生氣了，而導致論點被淡化或忽視，這帶來了明顯的負面結果。你必須比一個白人男性更加努力和出色地「控制自己」，才能達到相同的影響力水準。換句話說，真正的意思是，要用有意義的方式影響某人，一個女性或有色人種必須以他們「並沒有太強烈的感覺或太關心」的方式表達。

　　我們可以看到這種情況正在美國發生。當人們（其中許多是非裔美國人和女性）抗議警察暴行時，有一部分美國人聲稱支持該活動，但不支持抗議手段。推特和臉書上充斥著人們的意見，基本上都在指責抗議者的行為，最近的一項民意調查顯示，儘管89％的受訪者認為種族主義是美國社會的問題，但只有27％認為目前的抗議是正當的。[十六]基本上就是在說：「我們同意你應該生氣，但你不應該用這種方式表達你的憤怒。」值得注意的是，在2016年，美國橄欖球選手柯林・卡佩尼克（Colin Kaepernick）以相同的方式抗議，他在國歌演奏期間單膝跪下，同樣受到指責。當時的民意調查顯示，61％的美國人不同意他的行為。[十七]

　　不過，還有證據指出非裔美國人和女性因為這些偏見，

而承受更直接的後果。例如，2020 年的一項研究發現，在如何將憤怒管理療法用作法定緩刑條件方面，存在顯著的種族／民族和性別差異。[十八] 作者們研究了德州一個成年緩刑部門的犯罪紀錄數據。他們有超過四千人的紀錄，包括年齡、種族、性別、犯罪性質，以及法官是否將憤怒管理納入判刑／緩刑的一部分。這些罪行包括暴力犯罪，如襲擊，以及非暴力犯罪，如持有毒品、酒後駕駛和竊盜。由於作者關心的是將憤怒管理作為緩刑條件的分配率，而不考慮其他因素，他們使用了統計技術來控制犯罪類型、法官和犯罪地點。

他們發現的情況令人不安。好消息是，犯罪類型確實解釋了為什麼有些人會被指定接受憤怒管理訓練。如果你是暴力犯罪，幾乎有十五倍的機會接受憤怒管理培訓。這是合理的，你可能會期望這種結果[33]。同樣地，特定法官也更有可能指定憤怒管理訓練。這也不奇怪，你會期望特定法官有相對一致的判決。

然而，令人困擾的部分是，即使控制了所有變數之後，非裔美國人接受憤怒管理作為緩刑條件的機會，幾乎仍是白人犯罪者的兩倍。當他們比較白人和西班牙裔罪犯時，並未發現這種差異，因此在這項研究中，種族似乎對非裔美國人具有獨特的影響（儘管作者迅速指出，其他研究也

發現針對西班牙裔罪犯的類似偏見，同樣令人困擾）。當按性別細分時，這種差異更加明顯，非裔美國女性接受憤怒管理訓練的可能性，幾乎是白人女性的三倍。

為了解釋這些差異，作者提出以下觀點：「我們的研究結果可能表明，少數種族通常被非少數種族視為憤怒、敵對或具有威脅性。」明確地說，這些憤怒管理治療並不是其他後果的替代品，而是其他後果的附加項目，因此最終發生的情況是，非裔美國人因為那些「憤怒的黑人男女」刻板印象，而承擔額外的財務後果（罪犯得自己支付治療費用）。最後，更糟糕的是，作者指出了強制性憤怒管理治療是否成功，結果非常不一致。他們被迫支付和參加的治療，甚至可能沒有作用。

---

[33] 當然，這是假設在這些例子中，憤怒管理訓練是有效的，對此陪審團可能仍有保留。

種族主義和性別歧視對身心健康造成的後果

　　種族主義和性別歧視等形式的制度化歧視，其後果很廣泛，絕不只是財務和法律層面，也會對心理和身體健康造成影響。這種偏見和歧視導致長期接受女性和非白人「不如」他人的觀念，而且帶來與憂鬱、身體形象等心理健康問題有關的自尊心議題。同樣地，女性和非白人更容易遭受真正的安全威脅（性侵犯、騷擾、家庭虐待、警察暴力）。伴隨這些威脅而來的每日恐懼，增加了焦慮症的潛在風險。

　　我的朋友、前同事和健康心理學家里根・古隆（Regan A.R. Gurung），在我的 Podcast《心理學與其他事情》（*Psychology and Stuff*）中，詳細探討了這個問題。他說：「重點是，歧視是一種壓力源。如果有人感到被歧視──反覆地受到歧視，那就相當於他們的身體反覆受到壓力源的影響，這些壓力源通常會在正常測量壓力的各種方式中表現出來。」

　　由於我們知道壓力會影響身體和心理健康，那些受到種族主義、性別歧視和其他形式歧視的受害者，無疑正遭受身體和心理健康的後果。2017 年道格拉斯・賈考柏（Douglas Jacobs）在《紐約時報》發表的一篇文章[十九]，正是在論述這點，同時他指出：「自 2000 年以來，已經出版了七百多篇研究，內容是關於歧視與健康之間的連結。

這一系列研究建立了歧視與身體和心理健康之間的聯繫。」

在這些關於歧視對身體和心理健康後果的研究中，可能忽視了慢性憤怒的健康影響，更不用說因為憤怒而使你的意見被低估和無效的心理負擔。除非被當作其他心理健康問題的症狀（例如重度憂鬱症、自戀型人格障礙、反社會人格障礙），否則在心理健康討論中，經常忽視憤怒。實際上，慢性憤怒甚至沒有被列入《精神疾病診斷與統計手冊》（*DSM-5*）中的疾病。

此外，我們對於如何看待其他族群或基於其他特徵的憤怒，幾乎沒有多少資訊。這裡呈現的研究，幾乎完全集中在非裔美國人和女性上，但其他的種族呢？還有非二元性別，以及年齡呢？也許我們會發現，當憤怒者是老年人時，憤怒被感知的方式有所不同。人們是否更有可能將青少年的憤怒，視為天真或青少年賀爾蒙所導致，而不是值得關注的真正問題？

我們可能會基於他人的憤怒而輕視其立場，採用的方式相當多。坦率地說，儘管研究可以告訴我們，這種現象一般是如何發生，但我們當中的每個人也很可能有個性化的偏見，影響我們在某種爭議或分歧中，解讀他人憤怒的方式。要與憤怒建立更健康的關係，其中一部分就是學會理解這些偏見。

活動：認識偏見

　　這個活動是要幫助你思考，關於你對憤怒事件和人際衝突的解讀，你的偏見可能會造成什麼影響。共有三個步驟：

1. 回想一下，最近你與另一個人處於衝突中，兩個人對彼此感到憤怒的狀態。

2. 想想你當時如何評估他們表達憤怒的適當性。他們當時所說的話和所做的事，對你來說是否合適？你是否因為他們的憤怒，而對他們做出負面評估？

3. 想想你觀察他們的濾鏡，是否影響你的解讀方式。他們的年齡、性別、種族、社會經濟地位、宗教或任何其他因素，是以何種方式影響你對他們憤怒的解讀？

重新審視禮貌武器化

當我回想起帕爾默利的演講，以及朗後來的問題——「誰有權生氣？」再加上這裡和其他地方提出的研究，一切就變得非常明顯，禮貌已經被武器化，以減小處於邊緣化族群的經歷和觀點。從反對警察暴行的大規模抗議活動到陪審團的互動，再到判決罪犯的情況，我們看到情緒如何被用來進行歧視的例子，這些都非常真實和明確。對於一個社會來說，系統性地壓迫某一群人，創造了如此多令人憤怒的事情，然後告訴人們要保持冷靜與和平，不表現出憤怒，其實非常不公正。

同時，我們知道這種憤怒也可以被用於好的地方，如何引導它很重要。不過，在我們討論如何以正面和健康的方式使用憤怒之前，第二部分應該先討論憤怒如何及何時可能出現問題。

第二部分

當憤怒出了錯

06

暴力與衝動控制

失去冷靜的人

2019 年 11 月 14 日，將近 1,200 萬人觀看了匹茲堡鋼人隊和克里夫蘭布朗隊的美式足球比賽。比賽剩下 15 秒，克里夫蘭布朗隊領先 14 分。當布朗隊的防守球員梅爾斯‧嘉瑞特（Myles Garrett）和鋼人隊的四分衛梅森‧魯道夫（Mason Rudolph）爆發爭吵，比賽基本上已經結束。在那場爭吵中，嘉瑞特扯下魯道夫的頭盔，並將頭盔揮向他，打在他的頭上。即使在美式足球這種具有侵略性且經常殘酷的運動背景下，這仍被視為特別惡劣的事件。事實上，那天晚上的評論員特洛伊‧艾克曼（Troy Aikman）稱其為「我在足球場上見過最糟糕的事情之一」。

第二天，嘉瑞特道歉了。他說：

昨晚，我犯了一個可怕的錯誤。我失去冷靜，我所做的事情是自私和不可接受的。我知道我們都要對自己的行為負責，我只能透過今後的行動來證明我的真正品格。我要向梅森・魯道夫、我的隊友、整個組織、我們的粉絲及 NFL 道歉。我知道我必須對發生的事情負責，從我的錯誤中記取教訓，我完全打算這樣做。

兩天後，嘉瑞特被無限期停薪禁賽。他缺席該賽季的最後六場比賽，損失 1,139,911.76 美元的薪水。此外，NFL 對他開出了超過 45,000 美元的罰款。[二〇] NFL 於 2020 年 2 月 12 日恢復了他的資格。值得注意的是，在該場比賽中，作為對嘉瑞特挑釁的回應，鋼人隊的進攻隊員莫基斯・龐西（Maurkice Pouncey）毆打嘉瑞特的頭部四次，踢了他的頭一次，然後再次毆打頭部。龐西被罰款 35,096 美元，並被停賽兩場，未獲薪資，損失了 117,647.05 美元的工資。

針對這一切，社群媒體掀起了一場巨大的風暴。推特上湧現來自現役和前球員、教練、評論員及普通民眾的推文。幾乎每個人都認為嘉瑞特的行為非常可恥，因此許多網路討論最終都變成在討論這件事有多麼可怕。有些人認

為，這應該被視為一種犯罪，有些人討論 NFL 的懲罰應該是什麼，還有一些人認為他的職業生涯可能已經結束。然而，也有一些人表示支持。前 NFL 角衛戴恩·桑德斯（Deion Sanders）在推特上寫道：「為你祈禱，兄弟。那是一個迅速的反應，但是個錯誤的反應。」

我會提到這起事件，原因有兩個。首先，這是一個很好的例子，說明有時候某人的憤怒會使他們無法控制自己，導致暴力事件。在那次事件之前，嘉瑞特不見得會被認為是一位骯髒的球員。我知道這是我主觀的判斷，人們對此會有不同的看法，但除了越位和與侵略無關的犯規之外，本賽季他共有三次犯規，這在他所處的位置上大約是平均水準。其中兩次是在同一場比賽中，這引發了一些討論，關於他是不是一位過於具侵略性的球員。但在前一個賽季，整個賽季中他只有兩次這樣的犯規。一個經常讓憤怒左右自己的人，並不會有這種歷史紀錄。

我提到該事件的第二個原因是，美式足球是一種每場比賽都會發生侵略行為的殘酷運動。實際上，針對球員的頭盔襲擊是否會導致刑事指控的討論中，律師塔米·高（Tammi Gaw）表示：「如果我們要非常技術性地談論，發生在橄欖球場上的每一件事情都算是襲擊。」[二一] 當然，嘉瑞特的襲擊和龐西的反應，遠遠超出場上典型的暴力行

為，但有趣的是，當我們觀看一項侵略性運動時，有時甚至為重擊加油歡呼，然後當事情超出預期時，卻有如此震驚和憤怒的反應。

我認為有四個重疊的因素，使這個案例真正引人注目，並使許多人感到震驚。首先，嘉瑞特的行為是有意的。當他向魯道夫動手時，無疑是在傷害對方，儘管美式足球通常充滿身體碰撞，但通常不包括這種有意圖的行為。第二，他確實使用了一種武器——頭盔，在美式足球中，我們很少看到這種情況。第三，由於魯道夫沒有戴頭盔，所以無法自衛，更加突出該行為的殘酷性。最後，也是我最感興趣的部分，嘉瑞特的暴力行為是由憤怒所驅使，而場上大多數的暴力行為則非如此。

嘉瑞特的攻擊和後來發生龐西的攻擊，值得互相對比。大多數人並沒有對龐西的行為表示太大的擔憂，他不像嘉瑞特那樣引起媒體的狂熱。然而，他確實拳打腳踢一個人的頭部六次，為什麼對他的懲罰卻輕得多呢？龐西是故意的，也是出於憤怒。當然，部分原因是龐西沒有使用武器，但我認為另一部分原因是，龐西是因為明顯的挑釁而進行報復，並保護隊友，通常會被認為是一種比較容易接受的暴力形式。

那麼，這一切告訴我們什麼呢？有三件事情：

1. 暴力未必是，甚至通常不是與憤怒有關。

2. 暴力的錯誤程度，主要取決於情境，人們會使用相對
   任意的規則，來判斷暴力是否合理。

3. 更常見的情況是，我們所看到的憤怒問題，實際上是
   衝動控制問題。

暴力的複雜性

2018 年，美國發生了 1,206,836 起暴力犯罪事件[二二]，包括四種不同類型的罪行：謀殺、強姦、搶劫和嚴重襲擊。基本上，這些是涉及使用武力或武力威脅型的犯罪。如果我們從犯罪的動機角度來看待這些類型的犯罪，很容易看出憤怒通常並非其原因。例如，搶劫約占這些犯罪的 23％，而憤怒很少成為搶劫的主要驅動力。同樣地，當你考慮可能導致謀殺的各種動機時，很容易察覺即使與憤怒相關，卻還存在多種超越憤怒情緒的動機（如經濟利益或嫉妒）。

讓事情變得更加複雜的是，暴力能以多種方式被定義。2013 年出版的《暴力、不平等和人類自由》（*Violence, Inequality, and Human Freedom*）[二三]一書中，彼得・伊亞迪科拉（Peter Iadicola）和安森・舒普（Anson Shupe）對暴力描寫的範圍，比許多人想像的還要廣泛。他們將暴力描述為，它不僅是一種導致傷害的行為，還包括一種導致傷害的結構性安排（一套有意設計的情況）。其中包括 FBI 的犯罪統計中捕捉到的人際暴力，也包括一些不違法的事情（警察暴力、軍事暴力）。實際上，伊亞迪科拉和舒普甚至將特定類型的社會安排，如大量民眾缺乏充足的醫療保健，視為結構性暴力的一種形式。[34]

因此，暴力是一個極其複雜且定義廣泛的概念，大多與憤怒無關，但有時仍受到憤怒的驅使。例如，2018年超過一百萬起暴力犯罪事件中，絕大多數（67%）是加重襲擊，定義為「一人非法攻擊另一人，目的是造成嚴重或加重的身體傷害。」我們幾乎無法知道，其中有多少百分比是出於憤怒的驅使，但肯定有許多是如此。我們在新聞中經常看到這樣的例子。酒吧裡發生的肢體衝突、路怒症變成暴力事件，以及其他充斥在新聞中的案例。其中一些看起來簡直是瘋狂。例如，2016年在威斯康辛州，一名綠灣包裝工隊的球迷試圖破壞支持明尼蘇達維京人隊的庭院展示。主人戴夫・莫舍爾（Dave Moschel）出來阻止破壞者雅各布・賈斯提斯（Jacob Justice），結果被刺了七刀。謝天謝地，莫舍爾活了下來。[35]

---

[34] 雖然探討這些不同形式的暴力，遠超出本書的範圍，但值得問的是，為什麼將一個足球頭盔揮向某人被視為暴力，而投票剝奪數百萬人的醫療保健不算是暴力。後者無疑將導致許多人的死亡。

[35] 這個故事還有一個特別令人不安的小插曲，莫舍爾後來說：「幸運的是，那時我身上沒帶隱藏的武器。有99%的時間，我離開家裡都會帶著它。那是唯一一沒帶的一次。我有點高興我沒帶，否則他會死，而我將不得不忍受這種痛苦。」

暴力的動機

　　最終，我希望能夠確定世界上的暴力問題，有多少是與憤怒相關，而不是其他原因，但正如你知道的，人們會因各種理由而侵犯他人，憤怒並不總是、或甚至不是主要原因。實際上，我們可以識別出許多人類有時會變得暴力的原因，而且與憤怒沒有直接關係。

　　人們無疑會因恐懼而攻擊他人。當他們為自己或親人的安全感到恐懼時，便會以攻擊的方式回應。當你覺得受攻擊時，想要保護自己是一種相對自然且在預期中的結果。在相似的情況下，人們有時稱之為領土攻擊性。當人們感到自己的家園或財物受到某種方式的威脅時，他們會採取攻擊。當有人被搶劫、自家被闖入，或是他們的充氣足球裝飾被刺破時，他們可能會以攻擊的方式來保護自己的財物。[36]

　　雖然我已經明確指出，很難確定最常引起暴力的原因是什麼，但我的最佳猜測是，大部分全球範圍的暴力具有目的性。有目的性的暴力，指暴力存在是為了實現某種目標。在這種情況下，暴力是達到目的的手段。

　　這解釋了我們每天看到的許多日常侵略行為：戰爭和其他形式的軍事暴力、警察的侵略行為、持械搶劫等。在

這些情況下，暴力存在是因為施暴者正在試圖獲得某種東西。罪犯可能使用暴力手段來偷竊某物，士兵可能使用暴力來宣稱擁有領土或收復領土。在這兩種情況下，暴力的存在是為了實現其他目標。

然而，與本書最相關的暴力是惱怒型暴力，即侵略行為源於一種情緒狀態[37]⋯⋯通常是憤怒。惱怒型暴力就是我們從嘉瑞特和龐西身上看到的情況，他們生氣了，並帶著傷害他人的意圖來回應。某種程度上，這是對憤怒的自然和預期的反應。

根據定義，憤怒包括一種非常真實的出手欲望，需要控制衝動，避免做出攻擊行為。但不光是憤怒，人們感到嫉妒、內疚、悲傷、悲哀或其他一系列情緒時，也會發火。

當然，不同類別也有重疊之處。以親密伴侶暴力為例，你可以看到它既有目的性，也是惱怒型。當然，這種暴力行為可能源於特定情況下的情緒，如憤怒或嫉妒。一個先生因太太沒有按照他的要求去做，而對她發火，然後打或推她。當他看到她在派對上與另一個男人交談，產生了嫉妒心，就在回家後毆打她。

這種暴力行為也源於一種保持權力結構的目的性欲望，也許有意識，也許沒有。某種程度上，他正在使用暴力，來阻止她做他不喜歡的事情，並阻止她離開他。這種

暴力不只是情緒的反應，也是他維護婚姻結構的部分策略。

---

36 我感到困惑的一點是，人們多次混淆保護自己的財物與保護自
己。儘管我承認有時兩者可能同時受到威脅，但保護自己與保
護自己的東西基本上是不同的。

37 我想在此明確指出，我知道害怕也是一種情緒狀態，不過我單
獨討論它。我無法真正解釋原因為何，但精神科醫生和心理學
家通常將恐懼和焦慮單獨討論，而不與其他情緒狀態混淆。《精
神疾病診斷與統計手冊》長期以來一直將「焦慮症」和「情緒
障礙」列為不同的類別，即使焦慮顯然是一種情緒狀態。這很
奇怪。

對於暴力的信念

暴力的使用主要取決於一個人的信念，視其對於以暴力作為解決問題的方法是否適當。如果你相信暴力是處理分歧或表達自己的合理方式，那麼受到挑釁時，或只是為了達到目標，就比較可能變得具有攻擊性。事實上，你的攻擊性甚至可以通過思維類型來預測。在我進行的「憤怒思維量表」研究中，第四章討論過的五種思維類型（錯誤歸因、災難性思維、過度概括、要求過高和煽動性標籤），都與攻擊和報復思維有關。[二四]

其中，要求過高和煽動性標籤最相關，這在直覺上是有道理的。如果有人對其他人使用貶低人格的語言，就可能會以這樣的方式對待其他人。如果有人認為自己的需求比別人的需求更重要，就可能會使用暴力，來強加自己的意志並滿足自己的需求。

當然，有時候人們不一定支持暴力，只是突然發火並變得具有攻擊性。他們失去冷靜，做了一些與真實自我及關心之事不一致的事情。簡而言之，他們做了一些衝動的事情。

失去控制

　　衝動是指某人沒有思考行動的後果或結果之前就行動。基本上，他們對某事迅速、自發地作出反應，並且在沒有充分思考自己的反應代表什麼意義的情況下行動。例如嘉瑞特將頭盔揮向魯道夫時，就是在衝動中行事。至少根據他的道歉，他失去了冷靜，做出一些他認為不符合自己性格的事情。他沒有考慮到這個行為對自己或魯道夫的後果，如果考慮到可能對魯道夫造成的潛在傷害，甚至是死亡，或者可能因這一揮動而失去一百多萬美元，他或許就不會這樣做了。這就是衝動行為，是一種我們沒有想過即將做的事情，可能帶來的短期和長期後果時所做出的行為，而每個人都有可能出現衝動行為。

　　衝動絕對不只與憤怒有關，人們可以在各種情境下衝動行事（吃飯、吸毒、花錢、賭博、性行為）。當人們帶孩子去冰淇淋店，並跟自己說「這只是給他們的，我不要吃」的時候，卻還是點了一份冰淇淋，這很有可能就是當下做出的衝動決定，違反了最初的計畫。當有人走進商店時說「我只需要一樣東西」，但離開時帶著不只一樣東西，就是衝動行為的表現。

衝動控制障礙

　　事實上，DSM-5 中有一整個類別，專門研究衝動控制障礙。我已經提過 DSM-5，如果你不熟悉它，這是美國精神病學會出版的一本大書，內容關於可診斷的心理健康狀況，包括從重度憂鬱症、思覺失調症到神經性厭食症等一切。它是根據疾病的相似性進行分類（例如，有一章是關於憂鬱症，另一章是關於焦慮症）[38]，而其中一章標題為「破壞性、衝動控制和行為障礙」[39]，內容包括「涉及在情緒和行為的自我控制方面出現問題的障礙」。[二五] 作者們迅速指出，DSM-5 中收錄許多障礙是以衝動性為突出特徵（如強迫症、狂躁、物質濫用），但指出了這個特定障礙是透過侵犯他人權利來進行，也就是透過攻擊或破壞財產。

　　這裡列出的衝動控制障礙中，其中一些你可能聽說過。竊盜癖（無法控制的偷竊衝動）及縱火癖（無法控制的放火衝動）相對較少見，但大多數人都知道。然而，很少有人討論的一種障礙是間歇性暴怒症（Intermittent explosive disorder, IED），這是一種衝動控制障礙，包括「反覆出現的行為爆發，代表著無法控制侵略衝動」。可能包括口頭侵略、身體侵略、財物損壞，以及侵犯動物或人的身體。根據 DSM-5，這種障礙相對罕見，約有 2.7％的美國人口

符合診斷標準。[40] 它通常於青少年時期發展，在有創傷經歷或基因傾向的人身上最常見，並且一生中會以某種方式持續存在。

當我談到 DSM-5 中不存在憤怒障礙時，人們通常會舉這種障礙作為憤怒包括在內的一個例子。當然，你不會犯這個錯誤，因為到目前為止，你已經清楚憤怒和侵略之間的區別。IED 是一種侵略性障礙，而不是憤怒障礙。儘管這些爆發被描述為「基於憤怒」[41]，但這些標準顯然是關於一種憤怒的表達，而沒有認識到管理不善的憤怒可能導致許多不同的負面後果。

³⁸ 有趣的是，關於憤怒型情感障礙的章節是不存在的，這是我稍後將會大量談論的一個問題。

³⁹ 值得注意的是，衝動不只與負面行為相關，有些衝動行為是積極的。例如，儘管我們通常不把英勇行為視為衝動，但它通常是在缺少事前考量或沒有考慮後果的情況下所發生。這種行為通常被認為是勇敢和大膽，但最終它們也類似衝動，只是結果更積極正面。

⁴⁰ 我說「相對罕見」，是因為它與諸如重度憂鬱症（7％）和廣泛性焦慮症（9％）之類的障礙相比，算是罕見。但與此同時，它與 DSM-5 中的一些障礙相提並論，甚至更常見，而這些障礙在流行文化和新聞媒體中受到更多關注。例如，雙相情緒障礙症 I 型的盛行率為 0.6％，而思覺失調症的盛行率則介於 0.3 到 0.7％之間，但這些疾病獲得了更多關注。

⁴¹ 為了撰寫最近的一篇文章，我在 DSM-5 中搜尋了關於「憤怒」的每個實例。它只被使用了幾次，但你知道哪個詞一次又一次地被使用嗎？那就是「危險」（對自己或他人的危險）。我知道這點，因為正如一句老話「憤怒比危險少一個字母」，因此，我在 DSM-5 PDF 搜索時，顯示了我本來不打算尋找的詞彙的每個實例。

衝動性作爲一種人格特質

　　與任何一組行爲模式一樣，有些人比其他人更容易衝動行事。在這個連續體的一端，可能有適應不良且具問題的行爲，甚至達到可診斷的程度，而在另一端通常是那些能保持冷靜、鎮定和理性的人。我們可以將經常從事衝動行爲（即比大多數人更常貿然行事）的人，視爲具有衝動性格。[42] 爲了幫助確定人們在此連續體上的位置，有一個測量衝動傾向的量表：巴拉特衝動性量表（BIS-11）。這是一份包含三十個問題的問卷，包括如「我透過試錯法解決問題」和「我說話很快」等陳述來評分。較高的分數代表更容易有衝動行爲，該研究已將這份問卷連結到各種心理健康和行爲問題。

　　我和艾瑞克・達倫博士進行了幾項關於衝動和憤怒的研究，我們使用相同的問卷。在第一項研究中，我們想知道衝動和憤怒之間的關係是什麼，於是給人們一堆關於衝動、厭倦傾向、憤怒和攻擊等概念的問卷，以確定哪些因素最能預測攻擊行爲。我們發現，衝動性與憤怒、憤怒的外在表現（大聲叫囂和尖叫）及攻擊行爲之間存在關聯。[二六] 然而，更仔細觀察時，真正引人注目的是衝動性與憤怒的外在表現之關聯，並且與憤怒控制呈負相關。換句話說，那些難

以控制衝動的人，也很難控制他們的憤怒。有時他們會使用暴力，即使不使用暴力，也會大聲叫囂和尖叫。

我們進行的第二項研究，與第一項相當類似，但這次更關心具侵略性的駕駛行為（路怒症）。[二七]令人震驚的是，當時還沒有人真正探討過衝動性和侵略性，與憤怒性駕駛之間的關係。[43]這次我們同樣向受試者提供關於衝動性和厭煩傾向（與上面相同）的問卷，但還問了他們有關駕駛行為的問題。他們在道路上有多常參與危險行為（如不專心、不繫安全帶），以及他們多常因這些危險行為，而遭受負面後果（如超速罰單、事故）？

衝動性與所有的憤怒和侵略性駕駛變數都有關聯，每一項都有：言語上的侵略性駕駛、肢體上的侵略性駕駛、使用車輛表達憤怒等。基本上，如果你是一個衝動的人，就更有可能對人們大喊大叫、比中指、擋住對方、試圖追趕，甚至下車與對方打鬥。實際上，當我們整體看待危險駕駛時，衝動大約解釋了 23％ 的情況，而當我們觀察使用車輛作為武器的傾向，例如擋住別人或故意減速惹惱別人時，則只能解釋接近 20％ 的情況。簡而言之，衝動性解釋了我們在道路上看到的許多暴力行為。

⁴² 你可以透過國際衝動研究學會深入了解衝動性，這是一個擁有30多名成員的組織。你還能參加他們的會議，然而令我感到失望的是，這些會議都提前安排好了。我希望點擊「會議」選項後，能看到「隨時準備好迎接我們」的訊息。

⁴³ 很多人把具侵略性的駕駛和憤怒駕駛視為同樣的事情，但（不出所料）它們是不同的。你可以在駕駛時感到憤怒，並故意擋住別人，或對他們大喊大叫（具侵略性），又或者，你可以在憤怒時參與危險但不具侵略性的行為，如超速、不規則變換車道，以及忽略紅燈。

武器效應

　　到目前為止，我大部分討論的都是個別衝動性差異，但環境也很重要。為此，我想談談我和俄亥俄州立大學傳播學院的社會心理學家布拉德‧布希曼（Brad Bushman）博士的對話。布希曼博士是侵略和暴力領域的卓越學者，甚至曾擔任歐巴馬總統關於槍枝暴力的委員會成員。我有幸訪問過他兩次，探討與侵略性駕駛和情緒宣洩迷思（我們將在第十二章討論此概念）相關的主題。兩次面對他，我最欣賞的是他出色的科學思維。他做了一些我希望更多人也能這樣做的事。他用數據回答問題，用研究發現講述故事。當我問他問題時，他會以一種敘述方式來回答，其中包括過去學者的研究發現、它們如何影響其研究，以及自己的發現。問到他不知道的研究，或目前尚未完成的研究問題時，他會告訴我，他無法用研究回答這個問題，但仍然會根據他所知道的相似發現做出預測。

　　他擁有一個令人難以置信的駕駛模擬器，並與他的研究團隊在其中研究侵略性駕駛。他向我描述這是一輛「完全被屏幕包圍的真實汽車」。事實上，連後視鏡和側視鏡都帶有 LED 顯示器的功能性部件，有助於使模擬盡可能真實。他可以使用這個模擬器為參與者創建非常真實的情況，

以查看他們在道路上遇到類似情況時的反應。這是一種安全地研究侵略性駕駛潛在危險的方式。

他描述他們在 2017 年使用模擬器進行的一項研究，用以探索武器效應。這個研究基於 1967 年由倫納德・伯克沃茲（Leonard Berkowitz）博士和安東尼・勒佩吉（Anthony LePage）進行的著名研究，名為「武器作為引發侵略的刺激物」。他們將男大學生帶入實驗室，進行一項關於「應對壓力的心理反應」之研究。參與者被配對並各自被分配一項任務（要求他們列出一些代理商可以用來提高歌手唱片銷售的想法）。進行了五分鐘後，收集他們的回答，然後參與者被帶到不同的房間。

如果你對那個時代許多著名的心理學研究有所了解，該研究實際上並不是關於對壓力的心理反應，而且他們的夥伴也不是真正的參與者。事實上，他們的夥伴是研究團隊的成員（心理學研究者通常稱為「同謀」或「共犯」），而這個研究是關於在視線內有武器，對一個人可能發動暴力行為的影響。他們被帶到不同的房間後，實際參與者的手臂上被放置了電擊電極[44]。與此同時，共犯坐在一臺可以對參與者施行真實電擊的機器旁邊。然後，共犯透過電擊提供對參與者之前工作的「反饋」。完成後，彼此再交換位置。共犯被連接到電極上，而參與者透過電擊提供對

他們工作的反饋。

這裡實際上有六個不同的類別（如果算上一個什麼也沒做的對照組則為七個），基於（a）參與者收到的電擊次數和（b）他們所在房間的桌子上放置的物品。電擊次數的條件相對容易理解。參與者要不就是在共犯的挑釁下接受七次電擊，不然就是在未受挑釁下接受一次電擊。另一個情況稍微複雜一些，當參與者進入房間時，有三種情境：桌上什麼都沒有、一些運動器材或一把 12 號口徑霰彈槍和一把 .38 口徑左輪手槍。當桌上有東西時，研究人員說：「哦，真不敢相信另一位實驗者竟然沒收拾好桌子。請忽略桌子上的東西。」

這些組別看起來像這樣：

	沒有任何東西	運動器材	槍枝
低憤怒 （一次電擊）			
高憤怒 （七次電擊）			

伯克沃茲和勒佩吉想要看看，參與者會提供多少電擊作為對他們夥伴的反饋，以及是否會因所在的組別而有所

不同。他們發現，當桌上什麼都沒有和桌上放有運動器材時沒有差異，但當桌上放有霰彈槍或手槍時，參與者會施以更多電擊。特別是當他們在挑釁下接受七次電擊時，情況尤為明顯。伯克沃茲和勒佩吉在文章中表示，「許多據說源於潛意識動機的敵對行為，實際上是因為侵略性刺激的作用而產生。」二八

根據布希曼博士的說法，「這項研究在實驗室內外都已多次複製。」事實上，在我們的討論中，他還指出了一項較新的研究，作為對武器效應進行研究的動力：

我讀過一項研究 [45]，實際上是對 2,770 名美國司機的全國代表樣本進行的研究。研究人員報告稱，那些在過去一年曾在車輛中攜帶過槍枝的司機比那些車輛中沒有槍枝的司機更具攻擊性。例如，他們更有可能對其他司機做出淫穢手勢：23％比 16％；他們更有可能跟車：14％比 8％。研究人員控制了許多不同的因素，如性別和年齡，還有駕駛頻率，以及是否居住在城市或城市環境等因素。

布希曼博士和他的研究團隊認為：

嗯，很難基於這項調查研究進行因果推論[46]，所以我們基本上在我們的駕駛模擬實驗室重複了伯克沃茲和勒佩吉的實驗。參與者坐在車裡，根據拋硬幣的結果，他們要麼在座椅上發現網球拍，要麼是一把九毫米手槍（未上膛）。實驗者說的話完全相同：「哦，我不敢相信另一位實驗者竟然不清理桌子，請忽略那個。」我們發現，在挫折模擬情境中，那些座椅上被放置槍枝的參與者比被放置網球拍的參與者，更具攻擊性駕駛行為。而且我們可以進行因果推論，因為我們用硬幣來確定座椅上是網球拍或真正的槍枝。

　　我要求他描述具侵略性和冒險性的行為，他詳細介紹了一些我們可能在道路上看到的典型行為：跟車、超速、越過對向車流以超車，或者駕車開上路肩以超車。他們按喇叭，使用言語上的侵略行為，或者使用侵略性手勢，比如對其他駕駛者伸出中指。然而，最可怕的反應是，有人真的抓住槍枝試圖射擊另一名駕駛。

44 這個研究不應與斯坦利‧米爾格拉姆（Stanley Milgram）在
   1960 年代進行的一系列研究混淆，那些研究發現大約有 2/3
   的人會在被命令這樣做時，對另一個人施以潛在致命的電擊。
   在那些研究中，電擊是虛假的。而這次，它們是真實的。事實
   上，心理學家在長時間內不斷地假裝對人施以電擊，或者真的
   對人施以電擊，有著悠久的歷史。

45 他所指的研究是由赫門威（Hemenway）及其同事所進行，這
   是一項對道路上侵略行為非常詳盡的審查研究。

46 正如我所說，他有一個不會輕易將事情視為理所當然的科學思
   維。他看到有趣的發現，認識到局限性，然後採取下一步措施
   來解決這些局限性。

活動：管理衝動

對於這個活動，我希望你回想一次你因憤怒而衝動行事的情況。無論這種行為是否具有侵略性，思考你因為憤怒而未考慮後果，就採取行動的一種情況。

1. 填製事件圖表。事件的起因是什麼？憤怒前的狀態是什麼？評估過程是什麼？

2. 對這種憤怒的衝動反應中，你做了什麼事？結果如何？

3. 回顧這個情況，你希望當時對這種憤怒的反應有何不同？

4. 雖然我們稍後會談論更多如何在憤怒發作時自我察覺，但你認為在當時可以做什麼，來阻止自己衝動行事？

個人關係的未受控憤怒

　　像這樣衝動憤怒導致暴力行為，可能發生在任何地方：在陌生人之間的道路上、體育賽事的場地或球場上，以及同事之間的工作場所。但當暴力行為發生在人際關係中會發生什麼情況？這種憤怒表現在家庭、夫妻或對待孩子之間的影響是什麼？其他形式的憤怒又如何？如果不加以控制，憤怒對個人關係會帶來什麼影響？

07

關係受損

憤怒是一種社會情緒

　　憤怒有時被稱為一種「社會情緒」，因為它常在社交情境中出現。事實上，研究人員發現有 80 到 90％的憤怒事件都是由社會情境所引起。[二九] 人們很少在獨自一人且不與人互動時感到憤怒，我敢打賭，如果我要求你列出最近五次感到憤怒的情況，你會發現幾乎所有情況都涉及另一個人。這不同於一些其他基本情緒，如悲傷、恐懼或喜悅，它們通常在沒有其他人在場的情況下發生。當然，這代表因為憤怒發生在社交情境中，管理不當的憤怒很可能導致關係受損。

　　我的一位客戶曾坐在我的辦公室裡，反思他與女友的不和諧關係。他有一個習慣，就是經常對她發脾氣，雖然

從來沒有施加身體傷害，但經常對她大聲喊叫。「我不想成為一名暴君。」他哽咽地說著。他的父親曾是一個暴君，所以他知道被人大聲喊叫是什麼感覺。他討厭自己這方面的行為，來接受心理治療是為了學習更好地管理自己的憤怒。人們因為憤怒而造成情緒上的痛苦相對常見，但現在我更關心的是他的憤怒對他們關係的影響。

當艾瑞克·達倫和我改進「憤怒後果問卷」時，我們發現損害友誼是大多數參與者普遍經歷的一個後果。在該量表上是以三個項目來衡量：損害友誼、讓朋友害怕我、讓朋友對我生氣。參與者指出他們在過去一個月中，因憤怒而經歷這種後果的頻率（「從來沒有」到「四次或更多次」）。平均而言，參與者表示在過去一個月中經歷這種關係問題比一次還多一點。

多年後，我和我的研究團隊透過一項在線調查，收集了經常在網路上發洩情緒的參與者之數據。三○澄清一下，這絕不是代表性樣本。這些參與者是會訪問抱怨網站的人，這些網站旨在允許匿名發洩，他們會發表匿名貼文，標題如「我討厭我的媽媽」和「星巴克排隊糟糕」。[47] 可以合理地假設他們比普通人更容易憤怒。[48] 雖然這次我們沒有使用完整的「憤怒後果問卷」，但確實問了一些具體問題，有關他們在填寫調查問卷前一個月，有多少次發生肢體衝突

和口角衝突（分別平均是 1.26 和 1.45 次）、因為憤怒而濫用物質的頻率（1.39 次），以及損害關係的頻率（1.26 次）。

這些數字相當引人注目。說明在過去一個月內因憤怒而損害了至少一段關係，這是憤怒的重大後果。儘管這個月對這些參與者來說可能是非典型的（也許這就是他們在網上發洩的原因，因為他們特別憤怒），但也很可能不是非典型的；對他們來說，或許這只是一個典型月份的情況。更糟糕的是，我懷疑這只是估計的低點。出於我將在本章後面討論的原因，我懷疑管理不當的憤怒對關係的影響，比這些研究所發現的大得多，也比多數人意識到的還大。

---

[47] 這些網站中最受歡迎的是 www.justrage.com，該網站在這項研究進行時已經有超過五千則貼文被超過一千萬人閱讀。當我在撰寫這篇文章時嘗試訪問它，發現它似乎已經被下架。然而，這可能不是因為有人投訴，因為我曾經去過一個名為「你對 justrage 有意見嗎？」的頁面，上面沒有聯繫訊息⋯⋯只有一個向讀者伸出的大中指。

[48] 此外，我們的研究證實了他們比普通人更容易憤怒，所以我們無需假設。根據性格憤怒量表（Trait Anger Scale），他們的得分明顯高於平均水平，這是衡量一個人變得憤怒的傾向的一種測量方式。根據憤怒表達量表（Anger Expression Scale），他們也以更負面的方式表達憤怒。

一場戲劇化的爭吵

尼基[49]是我以前的學生，幾年前她畢業了。我正在尋找因憤怒而有過肢體衝突的人，她回應了我在社群媒體上發出的普通號召。我們約好時間透過電話交談。我對尼基有一定的了解，因為她是我的學生。她曾上過我的幾門課，畢業後我們透過臉書保持聯繫。我認識的她是一個堅強的人，也是用功的學生。但正如我經常發現的那樣，我的學生有時在校外生活中過著極為複雜的生活，而她絕對是其中之一。

她大四時，曾與一位在約會應用程式認識的男人約會。她如此描述：「他有點算是搬進來了。」她說：「我們從沒真正討論過，但他逐漸搬進了我的公寓。」從我們對這名男子的討論來看，這種行為對他來說似乎很典型。他試圖以各種方式操縱她，透過使用她的東西，尤其是她的車，或是讓她付款，甚至占據她的空間。他們交往了一年，在那段時間裡，他在言辭和行動上變得愈來愈具攻擊性[50]。她告訴我，他們在那一年中發生了幾次肢體衝突。

「這些打鬥有多少是自我防衛，而不是妳主動挑起的？」我問。我想知道這是否為一起親密伴侶暴力事件，而她是受害者，或者是一種兩人有時都會挑起打鬥的情況。

後者相對罕見，但確實會發生。我又問：「這些肢體衝突中，真正是妳在保護自己免受攻擊的情況，有多頻繁？」

她說大約 80 ／ 20，大部分時間她都在自我防衛。她表示大約有 20％的時間是她挑起打鬥。「那是一段奇怪的時期，因為他還有其他家庭暴力行為。他很懂得操控情感和心理。」她當時是一名學生，正在努力跟上學業和工作。他們常常爭吵，多數時候是關於他使用她的物品。他會在未經她允許的情況下把車開走，有時幾個小時，甚至幾天。有時她不得不走路去學校。「就是一段徹頭徹尾的有毒關係。」她說。她發起肢體打鬥的那 20％的時間，是當他做了一些事情，通常是未經允許就使用她的東西，然後她會對他進行肢體攻擊。

然而，他們最後一次打鬥（用她的話來說）是「特別糟糕的」。它是從一場口角開始，但升級得很快。他又一次未經允許開走了她的車。那是一個週末，他前一晚來過，他們喝了酒。當她醒來時，他已經駕車離開。她打電話和發簡訊給他，但沒有得到回應。尼基說她對必須上班感到焦慮，因為有時她會突然被叫去工作。她整天都在發訊息，隨著一天過去，訊息變得愈來愈「敵對」。

那時快到午夜，他回來了。他沒有回應她的任何訊息。他說自己一直在工作，工作地點只有幾個街區遠，但油箱

卻是空的，儘管前一晚它還是滿的。她告訴我：「顯然他整天都在開車」，當她因此責問他時，就演變成一場爭吵。

「你為什麼不回答？你為什麼認為可以這樣？」她尖叫著。尼基勃然大怒，雙眼變得血紅。她說：「我討厭你！」

他開始口頭抨擊她，用「所有的髒話」來稱呼她。他說她應該相信他，而且他現在也做出貢獻了，所以她應該對他寬容一些。此刻，他們互相尖叫，她擔心會有人報警。之前已經有兩次因為噪音而被鄰居報警。她告訴我，她失去了控制，但「無法停止對他尖叫」。

「去你的，」他對她大喊：「我走了。」

她追了上去，試圖推他，試圖阻止他重新上她的車。他抓住她的頭髮，將她推開。她告訴我：「那太戲劇化了，就像電影一樣。你想不到這種事會發生在自己身上，或你會經歷這一切，但後來你就身處其中。」她告訴我，她非常生氣、非常沮喪，不知道該怎麼辦，所以只是一直對著他尖叫，開始打他。

儘管她努力阻止，但他在體力上比她強壯，還是能夠重新回到車內。不過，她上了副駕駛座，他們繼續互相對罵。「不，」她尖叫著，「你必須下車！這是我的車。你必須停止未經許可就開我的車！」他開起車來，而她繼續尖叫：「停車！這是我的車！你必須下車！」

他抓住她的一把頭髮，將她拉向他並說著：「你一直主張平等權利。你是一名女權主義者。這就是平等權利的結果。」然後他多次打她的臉，這一切都發生在他開車的時候。他們正在上高速公路，尼基感到害怕。她停止反抗，不知何故，說服了他一起返回公寓。她流淚了，當他們下車回到她的公寓時，彼此還咒罵著。

　　當他們進到房子裡，她再次打了他一拳。「你是個混蛋。」她說。「你不應該在這裡。這是我的房子。這些都是我的東西。」他回擊她，這一切升級到雙方再次全面對抗，互相亂打，拉扯彼此的頭髮。在某個時刻，他壓在她身上，開始勒住她的脖子。尼基無法呼吸，以為自己就要昏倒了。

　　她想，也許他不知何故地意識到事情的嚴重性，因為他停止勒住她，從她身上離開，然後留下她一人。她跑到浴室，把自己鎖在裡面。她聽到他離開。她照鏡子看見自己的臉，眼睛腫脹得像要變黑的樣子。她掉了一大撮頭髮，而且身上已經出現一些瘀傷。她說幾個小時後他回來了，情況也差不多糟糕。他身上有瘀傷，可能眼眶骨折。

　　正是這起事件，讓她再也無法忍受。她意識到這有多危險，所以封鎖了他的手機和社群媒體，換了公寓，並完全切斷與他的聯繫。

當尼基回想起該事件，以及比較一般的關係時，她對此有許多複雜的情緒。「我們兩人總是對彼此生氣。我們不會坐下來談論事情。我們會爆發出激烈的怒氣。」她已經多次被詢問為何不離開他[51]，她的回答對於處於暴力關係中的人來說相對常見。在他們關係的大部分時間裡，他曾經操縱她，讓她切斷與她關心的人之聯繫，所以他是她生活中唯一親近的人。她感到被困住了。她不能去找房東，因為她的男友本來就不應該住在那裡。她不想試圖提起訴訟，因為有時她也會開啟爭吵，而且她不信任體制。

---

[49] 尼基不是真名。她告訴我，她對使用真名沒有意見，但考慮到她告訴我的故事的暴力性質，我需要特別小心。她選擇了「尼基」一名，因為她正要去看克魯小丑樂團（Mötley Crüe）的演唱會。

[50] 請記住，尼基是一位心理學專業的學生，所以她的一些回答（比如「在言辭和行動上都具有攻擊性」）聽起來相當「臨床」，至少對我（她引以為傲的心理學教授）來說是這樣。

[51] 我對這個問題有著複雜的感受。它本質上是在責備受害者，好像遭受虐待的倖存者以某種方式承擔著不被虐待的責任。與此同時，我們需要知道這個問題的答案，才能幫助人們擺脫這類暴力關係。

我們控制不了自己

坦白說，從尼基那裡聽到的故事，並不是我最初發布徵求時在尋找的故事。我當時對於那些因憤怒而打架的人感到好奇。然而，她告訴我的更像是親密伴侶暴力的故事，儘管她可能有時「開啟爭吵」[52]，但絕大多數時間她是受害者，遭受暴力、操控和心理操縱。

儘管如此，從與她的交談中可以看出，她在憤怒時很容易以攻擊方式來回應，而這不僅局限於她與男友的爭吵。她說：「我曾經因為憤怒而失去控制，甚至無法運用語言。」她描述了與兄弟姊妹之間非常激烈的肢體衝突。他們經常打架，有時甚至打在臉上。她對我說：「我們三個人都有憤怒和互相攻擊的問題，我認為這不是很典型，因為有時我們會互相打臉，而且真的會在肢體上彼此對抗。」

這引起了我的好奇心。我是家中老么，有三個兄弟姊妹：一個姊姊和兩個哥哥。我們有時會開玩笑捉弄對方，尤其是我的兩個哥哥，他們偶爾會打我，一般是打在手臂或肩膀上，但我認為通常不是出於憤怒。根據我的經驗，沒有誰試圖傷害任何人，我也不相信我們當中有人曾經打過對方的臉。事實上，我只記得有幾次我們因爭吵或憤怒而發生肢體打鬥。

儘管我的家庭經驗是如此，我還是找到了一篇與兄弟姊妹攻擊相關、2015 年的研究文章，以便更好地了解發生頻率。根據華威大學的尼爾・蒂皮特（Neil Tippett）博士和迪特・沃爾克（Dieter Wolke）博士的研究[三一]，他們調查了近 5,000 名十至十五歲的青少年，了解他們作為加害者和／或受害者的兄弟姊妹攻擊經驗，約有 50％的受訪者曾被兄弟姊妹肢體攻擊。在十至十二歲的兒童中更常見（58.1％），而在十三至十五歲的兒童中則較少（41.9％），並與成為攻擊加害者有很高的相關性。換句話說，那些毆打兄弟姊妹的小孩也曾被兄弟姊妹打過。然而，這項研究並未告訴我，在尼基所描述的情境中，這些攻擊行為的嚴重程度。雖然兩者都不好，但肩膀上的一擊，不同於臉部的一擊，我仍然不清楚後者有多常見。

　　尼基描述的情況對我來說並不典型。她有兩個年幼的兄弟姊妹，她說在他們年幼時有很多肢體衝突，但這種情況一直持續到成年早期。她描述了幾個曾經在聖誕節發生的情況。以下是她的說法：

　　　其中一人會朝我手臂揮一拳，我就會再回揮他手臂一拳，然後就升級到互相打彼此的臉，拉扯對方的頭髮。而且，通常在第二天早上一切會好起來，所有這些都源

於前一晚的憤怒。我們會道歉，並說：「事件升級得真快。」我們無法控制，我們意識到自己無法控制，然後……它會變得十分具有爆炸性，就像……你知道的……「我需要傷害你。」

她告訴我，她的父母有時會爭吵，但從未變成肢體衝突。他們會互相抱怨，但僅限於此。她的父親經常需要離開房間冷靜下來，這可能是最好的方式，因為他確實有過一段暴力史，或許尼基就是從這裡學會某些表達憤怒的方式。[53]「我爸告訴我們，他總是脾氣暴躁。他會說，『當我和你們一樣年紀時，經常與人揮拳打架和在酒吧爭鬥』。」實際上，她父親講了一場打鬥的故事，他認為自己因暴力而殺了某人。那是一場酒吧鬥毆，必須由朋友來制止。他曾因酒吧鬥毆和其他事情而反覆入獄，但這場特別的打鬥是他意識到自己需要改變的轉折點。

然而，當她長大時，他向她傳達了有關使用暴力解決問題的需求的明確訊息。孩子總是透過模仿，從他們的照顧者那裡學習情緒表達的方式。如果父母或其他主要照顧者的主要憤怒表達方式是大喊，孩子就學會大喊。如果是哭泣，孩子就學會哭泣，如果他們打架，孩子就學會打架。但在這種情況下，尼基的父親更加直接，甚至教孩子們如

何進行身體防衛和如何出拳。她說父親告訴她：「如果有人欺負你，你最好保護自己。」

---

52 這取決於你如何定義「開啟爭吵」，因為她給出的例子都是他非常惡劣地對待她，她則在回應時爆發。

53 這與蒂皮特和沃爾克的研究一致，該研究發現「父母的特徵與兄弟姊妹之間的攻擊行為最密切相關。」

看不見的分裂

　　如同你已經知道的，我有著自己關於憤怒父親的經驗。然而，我父親的情況相當不同，他並不是好鬥的人。事實上，據我所知，我父親成年後從未有過肢體衝突，我懷疑他在孩提時代也不是經常發生。我父親是個愛大吼的人，這帶來了一套完全不同的人際關係後果。

　　在我有孩子之前，我有一隻狗，一隻可愛的小獵狗，名叫金賽（Kinsey）[54]。有一天，我正在看一場足球比賽，她蜷曲在我旁邊的床上。我因為一個我認為是糟糕的判決而大聲吼著，對著電視說了些什麼。我的聲音相當大，而且應該持續了一段時間。當一切結束，我冷靜下來後，我看著她，發現她很害怕。她顫抖著，不舒服地看著我。她不只是恐懼，她還害怕我。對我來說，這是個出乎意料的痛苦時刻，我意識到自己嚇到她了，我不喜歡這樣，而且聽起來可能有點可笑，因為我意識到這讓我回到小時候聽見父親對某人大吼的情景。那讓我非常害怕，我度過了童年時充滿恐懼的時光。

　　值得注意的是，他幾乎從不對我大吼（我只能想起幾次）。我很少是他憤怒的對象，但是當他生氣時，我待在他身邊，仍然會因為害怕他而對我們的關係造成影響。這

裡有兩個重要的教訓：

1. 他可能完全不知道我有多害怕他。
2. 以上那些調查無法捕捉到這些情緒。

對於第一點，他可能不知道，因為我從來沒告訴過他。畢竟，我害怕他，所以根本無法與他進行有關自身感受的個人對話。長大後，我不再害怕他，只是覺得在他身邊很不自在。從孩提時期的多年恐懼，代表作為一個成年人，我永遠無法做自己。每次在他身邊，我都感覺像在參加面試。我覺得自己必須保持最佳行為，免得惹怒他。有趣和可悲的是，我害怕的事情在長大後很少發生。隨著他年紀的增長，事實上我父親變得更加溫和，我看到他愈來愈少發怒，但我的不適感從未消失。

這是情緒會損害關係的另一種方式。經常和強烈發怒的人，尤其是如果他們表現出對外界的憤怒，就會使周圍的人不安或害怕。他們周圍的人整天都在等待壞事發生，努力不做任何可能引起情緒爆發的事情。一旦情緒爆發時，無論他們是否對此負責，通常都會感到有必要嘗試去修復。正如前述客戶告訴我的，這就像與暴君一起生活。

同時，憤怒的人可能幾乎不知道他們的情緒爆發會如

何影響周圍的人。他們可能看不到那種恐懼或不適感。就像「憤怒後果問卷」等調查，當問及人們有多常經歷特定後果，如果參加調查的人不知道，就無法捕捉到後果的全部程度。這些研究的結果很可能被嚴重低估。

---

54 因為我是一名心理學家，人們總是誤以為我們把她取名為阿爾弗雷德·金賽（Alfred Kinsey），那位在 1940 和 1950 年代非常出名的性研究學者。實際上並非如此，她的名字來自蘇·葛拉夫頓（Sue Grafton）的字母謎題系列中的金賽·米爾霍恩（Kinsey Millhone），只是我們叫她「金賽·米爾獵犬」（Kinsey Mill-hound）。

網路上的冒犯和攻擊

　　另一件值得注意的事情是，「憤怒後果問卷」於 1996 年編寫，並於 2006 年修訂，遠在社群媒體普及之前，而社群媒體伴隨的真實憤怒後果已經存在。幾年前，我向研究助手展示了這份問卷，他們指出它缺少一整個後果類別；具體來說，就是那些在憤怒時發文可能發生的事。我們開始製作一份「線上憤怒後果問卷」，可作為其他評估工具的補充使用。[55]

　　為了編寫這份問卷，我們列出因表達憤怒而在網路上發生的負面事件，以及人們及其周圍的人所知的事件。我們將這些項目的生成外包，讓社群媒體幫助我們產生盡可能多的範例。我很高興我們這樣做，因為人們提出了我從未想過的事情。我當然知道，有時人們因為自己的貼文而在工作中遇到麻煩，或者對發送出的郵件感到後悔。然而，我不知道的是，人們有時會故意發布對他人不利的照片，作為報復的手段。我也不知道人們多常在網路上發布某些內容，並希望討厭的人看到（一種被動式挑釁發文或反社群媒體的形式）。

　　最終問卷包括網路上兩種主要類型的後果：冒犯他人和對他人進行攻擊。前者描述那些有時因憤怒而發文並冒

犯在乎的人的情況。更多時候，他們會後悔自己發文的行為。其中包括「因為生氣，我在網路上發文而失去朋友或損害關係」或「因為針對我的工作發怒而貼文，所以遇到了麻煩」等範例。而後者包括有意識地透過網路上的行為來傷害人。包括「透過社群網站洩漏某人的機密／私人訊息」或「在網路上侮辱某人」等。

人們損害關係的頻率再次令人相當震驚。這些參與者並不是特別憤怒的人（實際上，他們在其他憤怒測量方面的得分都在正常範圍內），他們報告在過去一個月中，有一次左右在網路上冒犯了某人，並且也嘗試故意在網路上傷害某人約 1.1 次。這兩個子量表和其他許多與憤怒相關的問題有關，例如其他憤怒後果和適應不良的表達方式。基本上，如果你經常或強烈地感到憤怒，並且表達出來，那麼你也可能因為在社群媒體上的憤怒而損害關係。

---

55 該評估工具目前尚未公開發表，但我們編寫問題並收集數據，
　　以探索這些項目與其他憤怒後果之間的關係。

活動：探索關係後果

此活動旨在讓你廣泛思考你的憤怒可能對關係造成的後果，分為兩個步驟：

1. 識別你生活中五位重要的人物（例如家人、朋友、同事）。
2. 思考他們如何經歷你的憤怒，以及這樣的行為可能帶給他們什麼感受。例如，你是否對他們大聲吼叫，導致他們感到害怕或受傷？你是否對他們表現出被動攻擊，導致他們可能感到憤怒？你是否因為在網路上發表的內容而傷害到他們的感情？

情緒一團亂

回想起尼基的故事，有幾件事真的讓人印象深刻。首先是這個事件改變了她的人生。她說：「我從中學到教訓。當我感到爆炸時，會試著做得更好。我會離開。自 2016 年以來，我再也沒揮過拳頭或有過肢體衝突。」

「當你感到一股無法控制的憤怒時，你是如何讓自己停下來？」我問。

她說，「最近，就是直接離開。我需要停止和對方交談，走出局面。即使是走到不同的房間，或者走到我的車上，這樣我可以坐著冷靜一下。」

另一個讓人印象深刻的事情是，她感到多麼無力，不僅在最後一次爭吵中，而且在大多數日子裡都是如此。她如此述說：

我主修心理學和人類發展，還輔修了女性與性別研究。這讓我真正關注到各個面向的性別平等。它讓我在各方面感到被賦予權力，讓我視自己為一名女權主義者。我告訴他這一切，他的回應是他可以打我。[56] 他具有權威的回答，讓我感到無能為力。他會貶低我，侮辱我。甚至到了一個地步，他操縱我，直到讓我覺得沒人

關心我。

　　其中有很多需要深入探討的事情。他的殘忍顯而易見，但他的恐懼也同樣明顯。這就是感到威脅的人的行為方式。他對她的賦權是如此害怕，以至於覺得有必要把她逼回原處。畢竟，如果她感到過於有權力，就會把他趕出去。

　　然而，我想深入探討的另一個方面，是她的無助感和憤怒情緒。這個人極不公平地對待她，干涉她的生活（阻礙她的目標）。她很生氣，她完全有權生氣，但她不確定如何最好地處理這種憤怒。她感到無助、害怕，以及「情緒一團亂」，並對自己憤怒，她說：「我應該更聰明的。我本來可以離開。我本來可以做些事情。我有很多矛盾的情緒。」

　　舉凡對他的憤怒、對自己的憤怒、害怕、悲傷，這些情緒的混亂都很常見。憤怒不是從真空中產生的。我們感到憤怒的同時，還會有其他情緒，如悲傷、內疚、嫉妒、害怕，甚至喜悅。事實上，不適應性憤怒更常見的一個後果，是它對憤怒的人所產生的負面影響，無論是情緒上或身體上。長期憤怒的人因為其憤怒而受到巨大的折磨，而受苦的方式主要取決於他們如何表達憤怒。

56 我相信他的邏輯大致是「如果你相信平等權利，那麼我打你是
沒問題的，因為這就是我對待男人的方式。」我曾經在網路論
壇上見過類似的論述，這是各種父權團體的意見（出於研究目
的，你不能研究網路上的憤怒，而不閱讀白人至上主義者和性
別歧視主義者的觀點）。如果你對平等的第一反應是「好吧，
現在我可以揍你了」，那麼你的世界觀中缺少了很多人性。

08

生理與心理健康

你是實踐者嗎?

1950 年代中期,有兩位醫生注意到冠狀動脈心臟病患者身上的一些奇怪現象;梅爾・弗里德曼(Meyer Friedman)和雷・羅森曼(Ray Rosenman),他們都是心臟病專科醫生,共同在舊金山開設私人診所。他們發現,年輕的心血管疾病患者(六十歲以下)幾乎總是表現出一組特定的性格特徵。這些患者充滿動力,雄心勃勃,緊張不安,競爭心強,並且容易沮喪。這一觀察使他們開始思考一個如今看來相對明顯,但在當時有些不尋常的問題:這些性格特徵和心臟病之間是否存在關聯?

作為優秀的科學家,他們測試了自己的假設,並將結

果寫成文章，題目為「特定外顯行為模式與血液和心血管結果的關聯」[57]，於 1959 年發表在《美國醫學會雜誌》。在這個研究中，他們根據這些行為模式分為兩組參與者，A 組的定義如下：

1. 強烈而持久地追求自選但通常定義模糊的目標。
2. 對於競爭有深刻的傾向和渴望。
3. 持續渴望被認可和晉升。
4. 不斷參與多種不同的活動，經常受時間限制（截止日期）的影響。
5. 習慣性傾向於加速許多生理和心理功能的執行速度。
6. 非凡的心理和生理警覺度[58]。

B 組與此完全相反。這些參與者「相對缺乏動力、抱負、緊迫感、競爭欲望或參與截止期限的活動」。還有 C 組，由 46 名失業的盲人組成。他們之所以被選中，是因為他們雖然沒有表現出 A 組的特徵，但由於其障礙，他們承受著非凡的壓力。弗里德曼和羅森曼試圖揭示，環境／生活情況帶來的壓力因素對人的影響。

三個組別的所有參與者都接受了訪談、觀察和調查，包括這些特徵的存在、他們的家族史，以及在面試期間的

坐姿等。他們在上午 9 點至 11 點被抽血一次，並接受多項心血管測試。在這篇文章中，弗里德曼和羅森曼描述 A 組為「能夠完成其特定功能的實踐者」[59]。他們發現 A 組的健康狀況要差得多。他們的飲食較差，睡眠較少，飲酒較多，抽菸較多；他們的膽固醇較高，血液凝血速度較慢，最可能患有臨床冠狀動脈疾病。

最終，這項研究和發現成為心理學與醫學中一個持久概念的來源，因為「A 組」後來被稱為「A 型人格」。

---

[57] 值得注意的是，他們將這種情況稱為「行為模式」，而不是性格特徵。在 1950 年代，行為主義主宰了心理學領域，以至於人們不談論性格。心理學家或在此情況下是醫生，需要有可觀察的東西來探討，因此他們談論能看到和測量的「行為模式」，而非無法被觀察到的性格特徵。

[58] 哦，天啊，就是我。他們在研究我。

[59] 這讓我太太笑了。「這就是我們曾經定義野心的方式嗎？」她問：「只是做你應該做的事情？」

A 型人格的特徵

　　A 型人格者往往雄心勃勃、固執，以及有條理、外向、焦慮、不耐煩和有敵意。然而，A 型人格最明顯的情緒特徵之一是容易生氣。擁有高期望和崇高目標的結果之一，是這些目標可能會受阻 —— 有時甚至很容易發生。A 型人不僅對自己有崇高的期望，對周圍的人也是。他們希望同事、朋友、配偶、孩子和其他人做他們「應該做的事」，如果事與願違，他們會感到生氣。

　　以我的前客戶羅伯[60]為例。羅伯在個人和職業生活中都十分以目標為導向。他每天從一長串的待辦事項開始，如果沒有完成所有事情，他就會感到失望。如果是因為自己的錯而沒有完成任務，他會難過和內疚；但當他認為是同事的問題而無法完成他的目標時，他就會生氣。有時，是非常生氣。他不是那種會大聲吵架的人，但他會回家向太太發洩，訴說同事們出了哪些差錯。當人們對電子郵件反應不夠迅速，甚至錯過了不重要的截止日期時，他也會惱怒。這些事情逐漸累積，甚至連小事也開始困擾他。人們在會議期間不專心或在走廊走得太慢，開始成為比實際上更嚴重的障礙。他會整天思考為什麼其他人「如此不擅長工作」，以及他們是「他從來沒有完成任何事情的原因」。

羅伯是典型的 A 型人格，隨著時間推移，這種特質開始對他產生影響。大部分的時間他都感到沮喪，而他的健康，無論是心理或生理都受到影響。這就是慣常憤怒的人會有的經歷，其中一個最重要的後果是他們的身體健康。有趣的是，很難找到探討單純憤怒與其健康後果的研究。通常，它會與其他相關概念（如 A 型人格或更普遍的神經質）的研究有關。

例如，2006 年猶他大學的蒂莫西・史密斯（Timothy Smith）博士，研究了個性與身體健康之間的關係。[三二] 嚴格來說，個性與情緒截然不同。個性是一組相對穩定的特質或特徵，如外向、固執或對新事物的開放。也就是說，一個人可能具有憤怒的個性，很容易且經常以憤怒作為回應。在這種情況下，並非他們一直在生氣（就像外向者不總是外向），而是當他們感受到挑釁時，往往更容易生氣。羅伯就有憤怒的個性。史密斯的文章回顧了過去有關該主題的研究，他指出「敵意很快就成為最不健康的 A 型特徵」的一致結果。事實上，當你分辨出 A 型人格的不同方面，並分別研究競爭心、野心和敵意時，通常會發現競爭心和野心對健康的影響較小（如果有的話），而敵意和憤怒則有顯著的影響。

---

[60] 非他的真實姓名。

長期埋怨的後果

2002 年，帕特里夏・張（Patricia Chang）博士及其同事進行了一項迷人而全面的研究[三三]，旨在更好地了解憤怒與患有心血管疾病之間的關係。然而，進行此類研究面臨的挑戰之一是，如果你等待人們罹患心血管疾病，再回顧他們的生活以查看其憤怒程度，那麼可能會獲得由他們的記憶所扭曲的數據。它將透過當前狀態的鏡頭過濾，可能不會反映他們真實的歷史。想要最好地捕捉終身慣常憤怒對心血管造成的實際影響，你需要在參與者年輕時開始收集數據，即在出現任何健康後果之前，然後等待，看看以後會出現什麼問題。

這帶我們來到約翰霍普金斯大學醫學院進行的「約翰霍普金斯前驅者研究」，這是一項長達七十年的健康結果長期研究。該研究由卡羅琳・貝德爾・托馬斯（Caroline Bedell Thomas）博士於 1948 年開始，並持續至今，每年對參與者進行評估。約翰霍普金斯大學雜誌 *HUB* 最近的一篇文章提到，「由於不知道哪些指標會被證明是重要的，托馬斯幾乎測量了她能想到的一切，包括膽固醇高低、酒精攝入量和血壓，甚至讓參與者把手浸入冰水中，還有讓他們抽菸，以測量其生理反應。」[三四]因此，每位參與者約

有 2,500 個變數，包括一些與憤怒和敵意有關的變數。該研究迄今已經發表一百五十多篇研究論文。

其中一篇研究論文是張博士和她的同事於 2002 年所進行，目的在於更理解「年輕男性的憤怒和隨後的早發性心血管疾病」。他們研究了超過 1,000 名參與者對壓力的反應，以確定對壓力的憤怒反應，是否能預測以後的心血管疾病。完成初始調查的參與者（1948 至 1964 年間畢業的 1,337 名學生）表明他們通常如何應對壓力。有三個與憤怒相關的選項：表達或隱藏憤怒、是否會發牢騷、是否易怒。基本上每個選項都是名副其實。如果你面對壓力會生氣、變得易怒，或者與朋友、同事抱怨，就勾選該選項。然後，研究人員查看勾選了這些選項的人，後來是否罹患早發性心血管疾病（五十五歲之前出現心血管疾病）。他們發現，勾選的憤怒項目愈多，愈有可能出現早期心血管問題。他們還查看當參與者控制了憂鬱和焦慮等情緒，這種結果是否仍然成立。[61] 事實上，即使控制了憂鬱和焦慮的情況下，嚴重的憤怒也與早期心臟病有關。

這些研究結果總是難以解釋，不過為什麼這是真實的呢？憤怒和敵意有什麼特點，會導致這些負面的健康結果？這裡有兩種不同的可能性。首先，慢性憤怒可能會導致直接的生理健康後果。正如我們在第三章中討論的，當

你生氣時，交感神經系統就會啟動，你會心率增加、肌肉緊張等。長時間保持這種狀態，也就是當你長期處於憤怒狀態時，就會帶來冠狀心臟病、慢性肌肉疼痛、緊張性頭痛和其他與壓力相關的健康問題。第二，是可能存在間接的健康後果。慢性憤怒的人通常比其他人更常使用酒精、尼古丁或其他藥物。他們可能會過量飲食，或從事與負面健康後果相關的行為。最終，這兩種可能性的結合，或許解釋了為什麼我們經常發現憤怒與生理健康問題之間存在關係。

---

61 他們對憤怒的測量與對憂鬱和焦慮的測量相關，這是各項研究中的一致發現。正如我們即將討論的那樣，憤怒不僅對生理健康、也對心理健康造成影響。

一般適應綜合症

　　研究壓力的漢斯‧塞利（Hans Selye）醫師描述了一種一般適應綜合症，可分為三個階段（警報、抵抗和耗竭），這解釋了為什麼我們在應對壓力時會對身體健康產生不良影響。三五值得注意的是，壓力與憤怒不同，但憤怒、恐懼和悲傷等情緒是壓力的常見要素，因此仍然相關。當我們面臨壓力源或令人憤怒的事件時，首先會出現警報反應，而我們的「戰鬥或逃跑」系統參與其中。這是一個相對短暫的階段，在一般適應綜合症的第二階段（抵抗）開始之前。在抵抗階段，我們的身體釋放出多種賀爾蒙，包括皮質醇，以幫助我們保持精力充沛並應對持續存在的威脅。最後，第三階段是耗竭，我們對被感知的威脅進行了過長時間的抵抗，現在變得虛弱。我們變得疲憊，失去胃口，免疫系統受壓制，並且失去動機。

　　至少有些壓力的長期健康後果，與第二階段釋放皮質醇有關。皮質醇是一種激素，它可以增加新陳代謝，在短期內提供額外的能量，並改善免疫系統。然而，隨著時間推移，由於慢性壓力的影響，皮質醇會分解肌肉，削弱免疫系統。它會導致體重增加、睡眠困難、增加血壓，並引起頭痛。長期的壓力還可能損害與記憶和專注力相關的大

腦區域。

事實上，慢性憤怒的健康後果，很可能是由於壓力反應和皮質醇的作用，我們從中看到一系列廣泛的健康後果。這不僅與 A 型人格或透過前驅研究發現的心血管症狀有關。慢性憤怒還與慢性疼痛、癌症、易患疾病和關節炎有關。然而，其中一部分並不能純粹用憤怒的直接影響來解釋。肯定還有更多因素參與其中，而不只是「戰鬥或逃跑」系統和一般適應綜合症的後果。

正如史密斯在他 2006 年的分析中所指出，憤怒和敵意的影響可能部分是透過更間接的機制而發生。慢性憤怒或許也透過我們的健康行為，影響我們的健康。想一想人們應對負面情緒和壓力的方式，儘管有些人透過更積極的方法來處理，如靜心和運動，但在困難時期，有很多人會採用不太健康的生活方式。他們可能會過度進食、喝酒、吸菸，或者減少睡眠和運動。我們通常發現慢性憤怒的人在生氣時會採取上述行為，而這些不太健康的行為便導致不良的健康結果。

舉個例子，蘭達・穆桑特（Linda Musante）博士和弗蘭克・特雷伯（Frank Treiber）博士在 2000 年的研究[三六]，探討了青少年憤怒表達方式與健康行為之間的關係。他們對 400 多名青少年參與者進行調查，詢問他們有關憤怒和

各種健康行為（身體活動、酒精和尼古丁使用等）的問題。他們發現，憤怒表達方式確實影響了健康行為，壓抑憤怒的青少年身體活動較少，並且更常使用酒精。這是一個例子，即使不總是與生理活動相關的憤怒形式（因為他們壓抑憤怒而非向外表達），仍會對身體健康產生負面影響。

自我傷害

我們尚未討論的一種憤怒，對身體造成傷害的方式可能最明顯。有時，我們會因為憤怒而傷害自己，通常是不小心，但偶爾是故意的。曾經有一位客戶向我展示了她手臂上的一個傷口，需要縫超過二十針。她說在前一個週末喝醉了，因為對男朋友感到憤怒，就砸了一扇窗。她打破窗戶後，當她把手臂從窗框的玻璃上拉回時，手臂因此被割開。就目前而言，她的右手臂上可能會留下永久性的疤痕。話雖如此，實際上她還算幸運。她本可以對自己造成更嚴重的傷害，像是切斷主要動脈或造成嚴重的神經損傷等。這不是她生氣時第一次傷害自己，卻是最嚴重的一次，對她來說是需要一些幫助的信號。

這種意外的自我傷害，可能是有憤怒問題的人的後果。他們捶牆壁而折斷手腕，或者踢咖啡桌而折斷腳。與其他後果相比，自我傷害的頻率較低；根據我們 2006 年的研究[三七]，平均每個月發生約 0.17 次。[62] 然而，無法從中找出這些事件有多少是故意的。有些人會透過自虐來處理他們的憤怒情緒。老實說，這反映了憤怒與其他情緒（如悲傷、內疚和嫉妒）之間的複雜關係。

---

[62] 作為比較，問題飲酒或其他藥物使用大約每月發生 0.67 次。

只是純粹的憤怒？

　　當我首次研究憤怒時，我的指導老師和我正在開發一個情緒誘導程序。我們想在實驗室中提高參與者的憤怒情緒，以便在這些人生氣時研究他們。基本上，我們正在創建一個使人生氣的系統。[63] 由於某種原因，我們的論文委員會成員認為，這樣的憤怒誘導應該只能增加憤怒而不是其他情緒。當時，對我來說這是有道理的。我們想知道人們生氣時會做什麼 —— 不是害怕、難過、嫉妒或內疚 —— 所以需要參與者只是生氣，只有生氣。我們請參與者完成一份名為「差異情緒量表」的調查問卷，它是一系列 5 英寸長的線條，每種情緒狀態各一條，參與者會在這些線條上標記，以表示他們當下的感受。[64] 我們讓參與者填寫問卷，經歷一次情緒誘導，再次填寫問卷，然後經歷不同的情緒誘導，最後再填寫問卷。

　　基本上我們能做到讓他們感到非常生氣，同時稍微感到悲傷和害怕，但這很困難。我們建立了一系列的視覺化程序，參與者被要求想像一個讓他們沮喪的情境正在發生。最後，我們選擇了其中之一，某人在雜貨店猛撞了他們一下，卻沒有道歉。然而，當我們繼續努力時，發現很多人會感到害怕和難過。這使我們在研究上進展緩慢，因為我

們必須不斷修改腳本，嘗試減少其他情緒。回顧起來，我不確定如此在乎試圖提升純粹的憤怒，是否合情合理。在實驗室外，憤怒並非獨立存在。人們在憤怒的同時，也會感到害怕、難過和嫉妒。

---

[63] 當然，我的朋友和家人會告訴你，我從小就知道如何讓人生氣，但在這裡，我嘗試以科學的方式在實驗室中進行⋯⋯為了研究的目的。

[64] 我記得線條是 5 英寸，因為我不得不用尺測量每一條以確定分數。近 300 名參與者，每位參與者需要進行 12 次測量，所以我測量了 3,600 次，以確定參與者在研究的不同階段之感受。

廣泛性焦慮症

這引出了克里斯[65]的案例，這名女性與我分享，她的憤怒爆發通常與另一種情緒「焦慮」相關。

我先生最喜歡的一個例子，是我們住的第一個公寓。我把所有文件和帳單都放在文件櫃的儲物箱裡。那些都是塑膠儲物箱，帶有塑膠蓋子。嗯，我對他生氣了，可能是因為我覺得焦慮。我甚至不記得當時在爭吵什麼，但我拿起其中一個箱子的蓋子，把它扔到房間的另一邊。我的目標是牆壁。我當下真的很生氣，扔得很用力，所以它碎成了無數塊。他很喜歡講這個故事，但對我來說這是一件尷尬的事。

我花了很長時間才明白我會焦慮，並意識到這是什麼。現在我明白我的憤怒來自於我的焦慮。我認為當時發生的情況是，我變得焦慮，無法正常思考或完成任何事情，也無法感到輕鬆自在。所以這就讓我生氣，因為我不知道該怎麼辦。

這些情緒最終轉化為憤怒，然而有些人可能會陷入憂鬱，或變得過於狂熱，瘋狂地打掃房子或做其他事。

對我來說，這些情緒轉化為憤怒，其表現是扔東西、大喊大叫和哭泣。

　　我被診斷為廣泛性焦慮症，對任何事情都會感到焦慮。我過去的許多焦慮尤其與開車有關。我會對即將遇到的黃燈感到焦慮。我應該穿過去還是停下來？另一個焦慮點是被警察開罰單。目前，我對在工作中遇到麻煩有非常嚴重的焦慮。此外，我許多焦慮會延伸到與我先生卡爾發生衝突，儘管以前從未如此。是的，就像一種普遍的擔憂和焦慮感，幸好現在已經被藥物控制了。

　　廣泛性焦慮症（GAD）的主要特徵是擔憂。患有 GAD 的人會擔心各種不同的事，從工作中犯錯到所愛之人發生可怕的事。這些負面思維充斥他們的大腦，以至於他們很難集中注意力、完成工作及入睡。對克里斯來說，她的模式是沉浸在過度的擔憂中，這對她的生活產生影響，因而沮喪且失去冷靜。她感到失控，覺得無助，進而沮喪、生氣，卻不知如何處理。

　　我向她描述了這種模式，然後詢問她的看法，而她的回答透露了很多訊息。她說：「是的，絕對是這樣。人們會試著告訴我**一切都好，這不是什麼大問題**，然後我就會生氣。」

大家試圖幫助她，卻是採用讓她感覺更糟的方式。她說：「他們沒有在傾聽，沒人能理解，我不知道該如何表達我的感受，而他們也不明白。明明有些地方出問題了，但沒人在乎我。」

　　基本上，她告訴他們，自己感到害怕，但在大家急於幫助她時，無意中透過告訴她一切都會好起來的方式，卻使她感覺更糟了。對她來說，他們就像在說，她的感受不是真實的。克里斯最終接受心理治療，並對發生的情況有更深入的了解。

　　「我告訴我的治療師，我最不喜歡卡爾口中的一句話是『一切都好』。不，一切都不好！你怎麼沒看到我內心的掙扎？所以現在透過治療，我正在學習正確的技巧，以便能夠表達這種掙扎。」

　　克里斯所描述的是情緒管理的重要部分。人們不僅需要學會了解自己的感受，還要學會如何將這些感受傳達給親人。對克里斯來說，她需要學會識別自己何時感到焦慮，並告訴先生這件事，同時幫助他理解：當他無意中淡化這些感受，她會有什麼感覺。

　　「一切都始於認識到那是焦慮，並接受它的過程。」她告訴我。「這是最重要的事，就是接受我正在感受的情緒。嘗試弄清楚是什麼觸發了它——是什麼引起它？我使

用了很多穩定情緒的技巧，最喜歡的一種是五感技巧，首先想五件你可以看到的東西，四件你可以觸摸的東西，三件你可以聽到的東西，兩件你可以聞到的東西，一件你可以嘗到的東西。當你把注意力集中到這件事時，你已經轉移對焦慮的注意力，並專注於那些有形的事物上。」

憤怒是次級情緒？

　　克里斯的故事並非太不尋常。實際上，我經常被問及是否認為憤怒是一種次級情緒。[66] 我曾在一次工作面試中被問到：「尤達是正確的嗎？」

　　「關於什麼？」我問。

　　「當他說『恐懼導致憤怒。憤怒導致仇恨。仇恨導致痛苦』時，是否正確？」對方繼續說，他覺得人們在失去某物或可能失去某物時會變得生氣，而對失落或潛在損失的自然反應，分別是悲傷或恐懼。

　　我理解他的觀點，偶爾確實如此。有時候我們失去了某事——愛人去世或失去有意義的工作——首先會感到悲傷。但隨著我們處理失落，這種悲傷可能會轉變為憤怒。我們會對導致愛人去世的情況感到憤怒。我們會因解雇自己的老板或導致我們被解雇的經濟困境而感到憤怒。還有一種類似的觀點認為，憤怒實際上只是向外轉化的憂鬱。當人們有憤怒問題時，事實上他們只是憂鬱、不知道如何處理它。

　　我對後一種論點的敏感度較低。根據 DSM-5 的臨床定義，憂鬱症主要被定義為強烈的悲傷情緒或快樂感減少。憂鬱症有九種不同的症狀，其中最接近憤怒情緒的表現，

是有時患有憂鬱症的兒童會變得易怒。那些認為憤怒是「悲傷或恐懼轉化而來」的人，使用的是與該領域其他人不同的憂鬱症定義。

在我看來，憤怒本質上並不次於其他任何情緒。但在特定情境下，它可能是次級的。上面提到的悲傷案例，確實是憤怒次於其他情緒的情況。我有一位客戶，他在一次與戰鬥有關的飛機墜毀事件中，遭受嚴重的創傷後壓力症候群。最初他的反應是極度恐懼，隨著時間推移，恐懼轉化為對參與墜機的每個人都感到憤怒。正如我之前所說，情緒是複雜的；它們通常不是孤立存在，我們對生活事件做出各種不同的情緒反應。

這種情況發生的原因有很多。首先，對某些人來說，這可能是一種應對機制。想一想，如果你可以選擇，你寧願感到害怕、悲傷或是憤怒？在這些選擇中，你很有可能會選擇憤怒。簡單地說，憤怒和其他情緒相比，感覺不那麼負面。有些人可能在悲傷或害怕時，會以一種讓自己不那麼不舒服的方式重新評估情況。他們不是在對自己說謊，而是開始專注於使他們憤怒而不是悲傷或害怕的情況。

舉例來說，我的一位客戶遭遇了一次入室盜竊事件，有人偷走了她的電視。事情發生在深夜，當時她在另一個房間熟睡。直到第二天早上，當她醒來時，才發現家庭起

居房的窗戶敞開，電視不見了。起初，她感到震驚和害怕，她問自己：「這怎麼會發生？」她感到脆弱。「他們可能會襲擊我，可能會強暴我。」她對我說。然而，很快地，她將注意力從害怕轉向憤怒的部分。「現在我沒有電視了。因為一個混蛋來偷我的東西。」

這有點像看恐怖片時避開恐怖的部分，或在某件深感悲傷的事情發生時說「沒事」。我的一位好朋友，當事情顯然不是「一切都好」時，他經常這樣說。對他來說，這是一種應對機制。他真正想表達的是「我現在不想感受這個，所以我將它重新構架成不那麼悲傷。」上述這位客戶不想思考她的脆弱性，並且希望感到有力量，而她對小偷的憤怒，讓她感覺自己強大而不是脆弱。

---

66 我並非總是被問，有時候我只是被告知，就像在我作為嘉賓的廣播節目中，那位打電話來的聽眾一樣，他帶著些許敵意說：「我要提醒這位好醫生，憤怒是一種源自於恐懼和悲傷的次要情緒。」這感覺有些自以為是。他怎麼知道我是不是一位好醫生？

重疊的思維類型

然而，在這些情緒中的另一個連結，又回到了我們首次變得生氣的原因。如你所知，憤怒是在觸發因素、憤怒前狀態和對該觸發因素的評估之間的相互作用中出現。最終，評估過程的一部分，不僅確定你是否該生氣，還有是否該對刺激感到害怕或悲傷（無論你是否將刺激解釋為威脅或損失）。而且，讓我們產生憤怒的那些思維，有些也會引導我們感到害怕和悲傷。例如，災難性思維是與恐懼和焦慮相關的核心思維。如果你將一個事件解釋為有史以來最糟糕的事，很可能就會害怕和生氣。

這是我建立「憤怒思維量表」時研究的事情之一——這個問卷測量了五種憤怒思維類型（過度概括、要求過高、錯誤歸因、災難性思維和煽動性標籤）。我想知道這些思維是否也能預測焦慮和憂鬱。我給受試者一份「憂鬱焦慮壓力量表」（DASS）三八，並尋找災難化、過度泛化等與其他情緒狀態之間的關係。

確實，它們是相關的。憤怒不僅與悲傷和焦慮高度相關，我幾乎在每項研究中都發現這點，而且這些感覺狀態也與這些負面思維類型相關。我們在 2005 年進行的另一項研究使用了不同的問卷三九——認知情緒調節問卷

（CERQ），發現與災難性思維和反覆思考有關的想法，乃是與憂鬱、焦慮和憤怒有關。這項研究甚至發現，責怪他人（我們通常認為與憤怒密切相關的思維類型）對焦慮和憤怒同樣重要。儘管這些情緒在本質上有很大的不同，其思維和生理狀態卻是相似的。

活動：憤怒、悲傷或害怕

對於這個活動，我希望你重新檢查之前繪製的一個憤怒事件，並詢問自己，你的反應中有多少是憤怒，有多少是其他情緒？你是純粹感到憤怒，還是有其他情緒，例如悲傷、害怕、嫉妒或其他某種情緒？

接下來，如果你感受到其他情緒，你認為是什麼驅使了這些情緒？你的憤怒是因為專注於令人憤怒的部分以感到更有力量嗎？還是你所擁有的思維（例如災難性思維、責怪他人），除了憤怒之外，還導致其他情緒？

我們不總是理性

當然，我們生氣時擁有的這些想法，並不總是理性的。我們很可能都曾處於這樣的情況，當我們感到如此生氣，以至於說了一些後來才意識到不太合理的話。甚至，可能做了一些後悔的事情（極度不理性的事）而覺得尷尬。

09

非理性思維

網路上的爭吵影片

　　YouTube 上充斥著人們發脾氣的影片，一直都會有人把這些影片傳給我，有時是朋友或同事，只是為了好玩和聽聽我的看法；有時是新聞媒體，因為他們想從憤怒的角度對正在發生的事發表評論。他們寫道：「看看這個，憤怒的人！你能相信嗎？」並附上連結，影片中一個女人站在路邊打電話報警，因為有人朝她比中指，或者一名男子因帳單糾紛而持球棒威脅別人。這些影片有幾種不同的版本，一些是安全監視錄影拍攝到路上或商店內的某種爭執，一些是由新聞媒體捕捉到的，他們正在報導某個事件，事件中爆發了爭吵。不過，最近大多數似乎是陌生人在公共

場合發生爭吵，其中一個人在過程中拿出手機拍下事件。

　　我喜歡看這些影片，因為能讓我一睹實際上很少見到的事情。人們一直告訴我有關他們的憤怒故事，但我很少有機會親眼看到。這些影片讓我們一窺人們真正生氣時的思維和行為。幾乎可以說，我們正在處理這些影片中的極端憤怒。否則，大多數影片一開始就不會被錄下來，肯定也不會走紅。

　　大致來說，這些影片顯示憤怒的人們要不透過肢體攻擊、要不透過言語攻擊，將他們的憤怒表現出來。其中包括大聲叫喊、威脅使用暴力、淫穢的語言，甚至實際的肢體攻擊。我在第六章討論過由憤怒引起的暴力，在這裡我想探討一些不同的事情，這些事一直讓我著迷。這些影片展示了我們不常見到的一件事，那就是當人們真正發怒時，他們會說出奇怪、甚至是毫無意義的話。

失去理性思考

　　舉個例子，2018 年一支停車爭端的影片，發生在一家商店的停車場。該事件的一般情況似乎是，一位女士認為停在旁邊的男子將車靠得太近了。影片是從她已經表達了一些憤怒之後開始，但描述（由停在她旁邊並錄製影片的男子編寫）顯示，她先停車，而他則在稍後停車。根據敘述，她因為他停得太近而發火，所以他調整了自己的車，然後下車拍攝之後的事件。

　　在兩分鐘的影片中，她連續發表了大約一分鐘不間斷的激烈抱怨。她一再咒罵，稱他是「老屁股」，說他已經太老，還開這麼大的車，指責他陽痿，並暗示他開大車是為了彌補這點，問他是否從與女人爭吵中獲得性滿足，並向他挑戰想引發肢體衝突。影片結束時，她說「我會打敗你，混蛋……隨時都行」，然後轉身走進商店。錄影的男子當然用諷刺的評論和其他開玩笑的方式刺激了她，但根據我們在影片中看到的內容，以及影片中其他人對該情況的反應，這無疑是一種極端的過度反應。

　　不過，真正值得注意的是，事件的可能導火線 —— 男子把車停得太靠近她的車 —— 在這件事情上，她似乎是錯的一方。證據就在影片中。她的車停在停車位上，但位置

超越了車位的邊線。雖然他的車看起來確實很大，幾乎無法在停車位的框線之間停放，但如果其中一人在這種情況下有停車不當（至少在男子重新調整之後），那應該就是她。與她爭吵的男子和停車場的另一個人，都向她指出了這點。你可以看到背景中的一名男子向她指出，她停得太靠前了。她似乎也對他發火，但無法聽到她說了什麼。她只是太生氣了，無法承認自己可能沒有停得像最初想的那麼好。

對我來說有趣的是，證據足夠清楚，以至於一個理性的人應該能夠看到它。[67]一個清晰思考的人應該能夠看出這點，至少對自己說：「儘管他應該離我遠一些，但這主要是我的錯。」為什麼這位女士看不到呢？然而，這就是問題所在。通常，當人們勃然大怒時，他們不再理性思考。正如我們在第六章討論過的，衝動控制問題有時會導致暴力一樣，它們有時會導致荒謬和不理智的發作和發火，包括後來人們意識到是不合理和後悔的言論。

不過，對我來說，評估這些影片的問題在於，我很少了解事件的背景故事。即使在這種情況下，我們似乎看到了大部分的互動，但在影片開始之前發生的一些事情可能會引發憤怒。即使我可以理解他們為何爭吵或導致爭端的原因，卻很少知道事件參與者的任何訊息。我想知道的是，

他們通常是什麼樣的人？這種發洩是他們的一種模式嗎？
或者這只是一次喪失冷靜的特例，也許他們後來後悔了？
我們無法知道，自己是目睹一個本來理性的人，只因憤怒
導致非理性思維的發作，還是一個向來都如此行動和思考
的人。[68]

---

[67] 我要花一點時間來說明，我知道這段影片會有其他不同的解釋。
就像第四章提到飛機的例子一樣，關於停車存在著一些「不成文
的規則」。我當然不知道所有不成文的規則，但我敢打賭，有人
認為你永遠不該停在剛停車的人旁邊，或者如果你的車很大，在
可能的情況下，你應該停在一排車的末端。

[68] 在一些情況下，我們確實能找到發洩者的身分並進行後續訪談。
這些情況的結果各有不同。在 2010 年的影片中，克里斯・萊克
特（Chris Reichert）被拍到對一名帕金森病患者大喊大叫，並
向他投錢，幾天後他道歉，說自己「失控了」。因 COVID-19 大
流行，丹尼爾・馬普爾斯（Daniel Maples）在一家商店被要求
戴口罩時發飆，他暗示該影片並未展示出「真實的」自己，他沒
有道歉，也表示影片中看到的並不是全部的故事。

情緒誘導的非理性

　　長時間以來，我一直非常好奇人們（包括自己偶爾）在極度生氣時表達的胡言亂語。這是我經常從父親身上目睹到的事，最極端的一次發生在我大約十歲時。那次我坐在他的車後座，他開著車，他太太（我父母在我很小的時候離婚，他再婚了）坐在副駕駛座上，我們正離開明尼阿波利斯市中心的一家餐廳。那是一個週末的晚上，明尼蘇達雙城（職業棒球隊）剛剛結束一場比賽。我們沒有去看比賽，但離球場很近，所以要應對交通問題，開車和步行皆是。我可以感覺到我爸開始變得煩躁[69]，這讓我感到不舒服。每當有人做他不喜歡的事情時，他就會提高音量。他開始對其他駕駛人說話，彷彿他們能聽到一樣：「噢，你別想在我前面插隊！沒門！現在輪到我了！」

　　我們停在紅燈前，周圍有成千上萬的行人。當我方的綠燈亮起時，仍然有人穿越馬路，即使他們現在是「禁止通行」的信號。我爸打開了車窗，開始喊一些像「你們是紅燈」和「離開馬路」的話。他太太回頭看我，冷笑著彷彿在說「噢，不好了，他又開始了」。他的脾氣是許多人的笑柄，包括我，儘管我當時並不認為這有多可怕。我試著深陷在後座的坐墊中，只覺得尷尬和緊張。

即使到目前為止情況有點有趣，但很快就失去任何幽默感。他開始加速引擎並向前移動，我相信他並不想傷害任何人，他只是想表明輪到他了，人們應該停止穿越馬路。然而，他嚇到其中一位行人，一名在我們前面穿越馬路的男子把隨行的女性推到一邊，然後坐在我們的引擎蓋上。我爸並沒有停下來，反而開得更快，差不多開了20英尺，這名陌生人還坐在引擎蓋上。被這名男子推開的女性開始朝我們敞開的車窗大喊：「你這個混蛋。我懷孕了！」對此，我爸的反應是猛踩剎車，導致那個男人從車前滑下來，並大喊：「如果你懷孕了，你就應該遠離馬路。」

　　在這種挫折感的驅使下，他對人們大喊大叫，猛踩油門威脅他們，甚至車頭還有人就開車，並告訴一位懷孕的女士，她應該遠離馬路。我感到恐懼，確定自己將目睹一場嚴重的爭吵。這無疑是一個過分的例子，但有時的確會發生這樣的事。一個平時相當聰明的人，在生氣時會說出和做出極不理智的事。他會變得不耐煩，說出一些荒謬的話。比如，有一次當我們走向登機門等待航班時，他告訴我「機場不賣口香糖」，只是因為他對安檢花費的時間太長而沮喪，以及不想停下來。[70] 還有一次他只想在某家餐廳吃甜點，但服務生告訴我們，如果想要座位，就需要點一份完整的餐點（等候時間很長）。我爸對他大喊：「我

們以前來過，而且沒有拿到我們的甜點，所以現在只是來拿那份甜點！」

不光是因為他，才讓我對這個問題產生好奇。我經常與客戶交談，他們會描述生氣時說的話，而且連自己都難以置信。有一位客戶告訴我，有一次她在酒吧與朋友吵架後跑了出去，然後打電話大聲對他們喊叫，說他們應該追上她。還有人威脅要起訴一家快餐店，因為店裡沒有他最喜歡的三明治了。同樣地，人們經常將可能本應該針對自己的挫折感，轉移到無生命的物體上。人們會問：「那該死的車鑰匙去哪了？」彷彿車鑰匙應該為你把它們弄丟負責一樣。甚至有一些研究表明，通常自認是無神論者，在經歷重大損失時，會以某種方式對上帝感到生氣。四〇因此，我長期以來一直在思考的問題是：是什麼讓人們（特別是其他方面聰明的人），在生氣時思考和說出如此不理智的事情呢？

不幸的是，關於這個問題的研究文獻，對我來說並不是很有幫助。對「非理性」和「非理性思考」的搜索，大多與一個已被深入研究的不同主題緊密相關：非理性信念。我在第四章中，討論「評估」在我們為什麼會生氣的過程裡所扮演的角色時，提到了非理性信念。這些信念是理性情緒行為療法（REBT）的核心要素，這是由阿爾伯特·埃

利斯（Albert Ellis）博士開發的一種情緒治療方法。這些非理性信念，本質上是驅動我們對這世界事件解讀的核心價值觀（「當我受到不公平對待時，這完全是可怕的。如果我犯錯，我就是一個完全的失敗者」）。這與我現在感興趣的非理性是完全不同的類型，這種非理性思考會引起憤怒（事件發生，我們透過非理性信念的視角看待它，然後我們生氣）。我感興趣的是，當我們生氣時會想到哪些非理性的事，而在其他情況下可能不會想到。

以下是我希望找到的研究：讓參與者透過某種情緒誘導方式感到生氣，也許像我們在早期研究中使用的視覺化程序一樣。讓參與者感到非常生氣，然後請他們描述對情況的看法。這被稱為「模擬情境中的表達思想範式」，它使研究人員能夠了解人們在特定情況下的想法，而且已被用來探討對親密伴侶暴力的反應、治療方法的有效性，甚至對仇恨犯罪的反應。然而對於憤怒，這種方法卻很少受到關注。

儘管如此，就在 2018 年，埃里卡‧伯克利（Erica Birkley）博士和克里斯托弗‧埃克哈特（Christopher Eckhardt）[四一] 使用這種方法，研究了與親密伴侶暴力相關的情緒調節。雖然不完全是我感興趣的研究（例如探索生氣時出現的非理性思考），卻是我在已發表的研究中能找到最接近的。他們

要求參與者想像兩種情境之一，其中一種是，他們聽到戀人和某人調情，另一種則是聽到自己的伴侶與某人進行情緒中立的對話。前者已被證明會引起憤怒和嫉妒，而後者被設計為中性，並在這種情況下用作對照。參與者被要求在情境中預定的休息時間「大聲說出來」。這些陳述被記錄下來，並編碼為三個類別：口頭攻擊、身體攻擊和挑釁（威脅性陳述或「旨在引起爭執的陳述」）。

他們特別感興趣的是，不同情緒調節策略對表達想法的影響。參與者在研究前被教導以特定方式管理他們的情緒，並要求他們在被激怒時使用這些方法。研究發現，那些接受過認知重評（重新考慮他們的想法）指導的參與者，在生氣時表達攻擊性言論的可能性較低。換句話說，那些被教導並鼓勵在生氣時思考自己的想法，並對其進行修改的參與者，較不可能表達暴力言論。

這項研究之所以重要，有兩個原因。首先，它展示了一種可能有價值的方法，可以更好地理解人們在強烈憤怒時所持有的想法，無論是非理性或其他類型。這不是完美的（沒有任何研究方法是完美的），但可以帶給我們一些理解。其次，它展示了認知重評可以是一種減少攻擊性想法的有價值之方法。這是我們稍後將在本書廣泛討論的一個議題。

有鑑於缺乏關於生氣時非理性思考的研究，我們大多只能猜測這裡發生了什麼。實際上有兩個可能起作用的因素。第一是與衝動控制和我們的大腦前額葉皮質有關。如同你在第三章所知，我們的前額葉皮質負責控制衝動。這是我們大腦的一部分，可以防止我們做出或說出我們可能想做或想說的事。它也是我們大腦負責計畫、組織和決策的部分。當人們感受到情緒時，大腦的這個部分決定我們如何處理這些情緒。然而，尚未討論的是，對於某些人來說，當他們生氣時，大腦的這個部分可能較不活躍。他們不像蓋奇在爆炸後失去大腦的一部分，但可能會因為它沒有做好衝動控制的工作，而感到無能為力。

　　再次強調，目前還不存在我想閱讀的相關研究。理想情況下，我們可以在某人被挑釁時，進行功能性磁振造影（fMRI）檢查，以觀察前額葉皮質的反應方式。我們或許會要求他們抑制攻擊的衝動，或透過某種方式行動來表達該衝動。我們可以比較當人們抑制或表達憤怒時，大腦中發生的事情。或者，可以要求他們在被激怒時表達想法，並尋找大腦活動與特別不合理或非理性陳述之間的關係。我們可能會發現，那些表達特別非理性想法的人，在憤怒時前額葉皮質的活動會減少。這些人可能是試圖說服他們的十幾歲兒子，機場不賣口香糖的人。

有一項最近的研究，可以為我們提供一些關於這個問題的洞見。同樣是在 2018 年，由加迪・吉拉姆（Gadi Gilam）博士及其研究團隊進行的研究[四二]，探討人們在受挑釁時如何做出金錢決策。參與者參加了一個「充滿憤怒的最後通牒遊戲」，他們在遊戲中收到與金錢有關的提議，據稱來自先前的參與者，儘管實際上並非如此。這些提議分為公平、中等和不公平，並附上來自不存在的先前參與者的聲明。聲明可以是非敵對的（「讓我們平均分配」）、中度敵對（「這就是提議，接受吧」），或者相當敵對（「來吧，失敗者！」）。他們事先學會了這個遊戲，但參與者實際上是在 fMRI 掃描儀中玩這個遊戲，因此研究人員可以研究他們在接受提議時的前額葉皮質活動。他們發現，不公平／激怒的情況（收到不公平的提議，同時被稱為「失敗者」）導致前額葉皮質的活動增加。可以說，前額葉皮質必須做額外的工作來處理這種憤怒。

這項研究很有趣，但還有另一個因素使它真正非凡。在參與者玩遊戲的同時，大腦的一部分透過「弱電流」進行刺激，正如我們在第三章討論的一些研究所知，這可以影響大腦活動。研究人員發現，實際上能夠透過刺激前額葉皮質，來影響接受不公平提議的程度。基本上，刺激皮質會降低憤怒感，進而增加接受不公平提議的機會。為什

麼呢？嗯，這表明了憤怒的保護性質。當我們受到不公平對待時感到憤怒，可以防止我們做出糟糕的決策。當你減少這種憤怒時，就沒有東西可以保護我們了。

表面上，這似乎與本章的觀點相抵觸，即憤怒可能會使你做出非理性的事。為什麼在這種情況下，憤怒反而有幫助呢？這裡要記住的是，這項研究中的憤怒相對輕微。參與者被稱為「失敗者」，並被提供一個不公平的金錢交易。顯然這不是很友善，可能會讓你生氣，但並不像人們在實驗室外的生活中遇到的一些挑釁那樣嚴重。

如果我們能夠進行這樣的研究，但引發更加強烈的憤怒，會發生什麼事呢？[71] 也許我們會發現，前額葉皮質管理理性決策的能力被情緒的強度所淹沒。人們開始說和做自己並不真正相信的事情[72]，因為大腦中負責制止他們的部分已被削弱了。

也許還有另一種方法來解決這個問題。我們是否可能關閉一個運作良好的大腦的前額葉皮質，誘發憤怒，然後觀察個人的反應？事實上，我們可以透過一種名為「酒精」的流行藥物來實現這種可能性，它對前額葉皮質有著眾所周知的影響。酒精會影響決策、工作記憶、規劃等。那麼，當科學家讓人們喝醉並誘發憤怒時，會發生什麼情況呢？這些人變得更具有侵略性。

埃克哈特博士在 2008 年回答了這個問題[四三]，他將參與者分為兩組：酒精組和安慰劑組。參與者飲用了為他們準備的含酒精飲料後，參加「模擬情境中的陳述思維」任務（類似上文）。他們聽取一段令人憤怒的情境之錄音描述，然後對著麥克風發表自己的想法。同樣地，他們的思維被編碼為口頭攻擊、身體攻擊和挑釁行為。研究人員發現，那些（a）在攻擊性問卷上得高分且（b）被隨機分配到飲用含酒精飲料的人，在受挑釁時發表攻擊性言論的可能性，是其他任何組別的八倍。這個主題最有趣的是，他們發表攻擊性思維的可能性，比那些在攻擊性問卷上得分高但未喝酒精飲料的人高三倍。

這告訴我們什麼呢？它表明減少前額葉皮質的影響，在控制憤怒方面確實很重要。當它被削弱時，我們會表達出平時不會說的攻擊性言論。但它並未告訴我們，理性的人是否可能僅因憤怒，就讓他們的前額葉皮質過載，從而說出和做出極不理性的事情。

他對周圍的人的憤怒，對我來說很有趣。我理解他的挫折感（目標受阻），但如果這種情況發生在我身上，比起針對其他人，我可能會更生自己的氣——我為什麼要在比賽之夜，去市中心吃晚餐呢？

這是你嘗試用在小孩身上的伎倆。比如說：「對不起，看來他們已經沒有冰淇淋了。」但我當時是個十幾歲的少年。這招對十幾歲的少年不管用。顯然，我知道機場有賣口香糖。

我希望無需多言，出於道德原因，我們不應該這樣做。以防萬一，再次明確說明：出於道德原因，我們不應該這樣做。

你可以真正深入探討這個問題。某種程度上來說，我們必須「相信」這些不理智的陳述，對吧？我們說出了它們。我們後來可以決定自己並不真的同意它，但它並非是無中生有。最終，它來自我們的大腦。也許是大腦的不同部分，但仍是我們的大腦。

合理化非理性立場

不過，我認為這個謎題還有另一部分，超越了大腦不同部分的活動之外。我懷疑當有些人生氣時，他們會感到更強烈地需要「自己是對的」。為了滿足這種需求，他們願意進行各種智力體操，做出各種認知飛躍。如果告訴某人今晚應該享受甜點，因為過去他們沒有享受過，將會贏得他們心理上的爭論，他們就會這樣做。如果口頭攻擊他們認為把車停得太靠近的人，並以各種淫穢的方式替對方貼上標籤，可以讓他們更容易忽略實際上是自己停車不當的事實，他們就會這樣做。

這可以看作是認知失調的一種版本，萊昂・費斯汀格（Leon Festinger）博士在 1957 年的著作《認知失調理論》（*A Theory of Cognitive Dissonance*）描述了這個概念。基本上，當人們的行為與信念不一致時，就會感到不適（他們會經歷認知失調）。正如費斯汀格描述的：「認知失調的存在，會讓人感到心理上的不適，並激勵人們試圖減少認知失調，達到認知一致。」[73] 換句話說，解決這種認知失調的方法通常是透過調整思維和信念來合理化行為。例如，想像一下，有人聲稱他們的基本價值之一是關心環境。然而，當得知飼養家畜是環境破壞的一個主要因素時，他

們獲得了新的訊息。作為一個肉食者，他們可以改變自己的行為，停止吃肉，或者改變其信念體系。人們通常不會改變自己的行為，而是從像「每個人都有責任以他們能做的方式保護環境」這樣的信念體系，轉變為「人們應該採取合理的措施來保護環境」。這種微妙的思維轉變，使他們可以在偶爾享受牛排的同時，也認為自己有關心環境而感到自在。

這如何適用於人們在極度憤怒時，可能參與的非理性思維和行為呢？讓人感到不適的是感覺自己做錯或犯了錯，特別是如果他們擁有一個核心價值觀或信念，認為永遠正確很重要。當他們反應過度或犯錯，認知失調理論表明，為了感到更自在，他們需要調整其思維。就像上述的肉食者一樣，他們改變自己的思維，以便感覺自己的行為是合理的，或者他們的憤怒反應是合理的。

回顧前述停車場發飆的例子，這種情況至少有部分是憤怒者的錯。她是那個停車不當的人，然而她沒有承認這個錯誤，因為這可能會讓她感到脆弱，並增加認知失調的感覺，於是她將事情外部化，歸咎於其他駕駛人。她把問題的原因歸咎於他開的車「太大」，編造了他為什麼開這麼大的車的原因，並忽略所有相反的證據（避免增加認知失調感的訊息）。

73 他假設的第二部分同樣重要，但在這裡不太相關：「當存在認知
失調時，除了試圖減少它之外，人們還會積極避免可能增加認知
失調的情況和訊息。」換句話說，人們會避免讓自己感到不舒服
的訊息，這樣他們的信念就永遠不會受到挑戰。我們可以在全球
政治討論和他們尋求的訊息來源中看到這一點的演繹，也可以在
人們的交談中看到這一點的體現。如果詢問某人「你讓他們感覺
如何」會讓你感到不舒服，你可能就不會問他們了。

活動：你最生氣的時刻

在這個活動中，我希望你思考一下曾經最生氣的時刻。然後，專注於你當時的想法——不是導致你生氣的想法，而是在你生氣後的想法。

1. 思考一下你曾經最生氣的時刻。
2. 你當時有什麼想法、說了什麼、做了什麼？這是合理的嗎？你當時是清晰地思考嗎？
3. 你的核心價值觀和你所做的事之間，是否存在衝突（即你是否經歷認知失調）？
4. 這對你的核心價值觀有什麼啟示？

評估後果

顯然，人們可能因為憤怒而經歷各種後果。從心理和生理方面的健康問題到破壞關係，憤怒很容易干擾我們的生活。它可能導致暴力衝突和其他類型的衝動行為，這些行為傷害我們或周圍的人。此外，當我們生氣時，可能因為說和做了毫無思考和非理性的事情而讓自己尷尬。

然而，與此同時，正是透過這些問題，我們可以學會好好地了解自己。對我們在關係中的憤怒進行評估，可以揭示關於我們所重視的重要訊息。當我們生氣時做的或說的非理性事情，可以告訴我們有關自己的核心信念。我們只需要願意更深入地探討這些事情。我們將在第三部分探討這一點，以及更多其他內容。

第三部分

健康的憤怒

10

了解憤怒

災難性情況

　　當我二十六歲時，前往參加我的第一個專業會議演示。那是在芝加哥舉辦的美國心理學協會年度大會，當時我正在發表碩士論文。對我來說，這是一件大事，我既興奮又緊張。我住在哥哥城外的房子，所以當天早上需要開車約一個小時才能到市區。我不喜歡遲到（連匆忙也是），所以早早起床，離開家時，我以為有足夠的時間。

　　我不知道的是，前一晚城市下了大雨。芝加哥市中心的一些地區淹水，他們關閉了部分街道。交通非常糟糕，原本應該是六十分鐘的車程，現在看來會更久。在通勤開始就很明顯，即使我預留大約二個小時的時間去那裡，能

夠在演講開始前準時趕到也只能算是僥倖。

我開始感到非常沮喪。對於天氣引起的憤怒特別有趣，因為沒有明顯的加害者。沒有罪魁禍首，沒有可以對他生氣的壞人。[74] 但這並沒有阻止我變得焦慮。我獨自一人坐在車上，不時對著空氣大喊，對著天空大叫，但沒有特定對象。最終兩小時十五分鐘的車程[75]，大約開車一小時後，我便意識到自己需要冷靜下來。我真的對自己說：「好吧，瑞安，你即將針對人們為什麼會生氣進行演講。也許現在就可以運用一些心理學來應對自己。」

所以我停止了外部化的情緒，開始思考自己的感受。不只是我當時的想法，而是整個情景。交通（觸發因素）、我進入這種情緒的心情（我的憤怒前狀態），以及我當時的想法（我的評估）。我首先意識到一個非常明顯的事實，就是這不是任何人的錯。這是惡劣天氣的結果，即使我感覺有些駕駛正在讓問題變得更嚴重，他們只是試圖做和我一樣的事 —— 抵達目的地。他們可能也有重要的事情，有些可能比我的演講更重要。

我還意識到，推動我生氣的原因之一，是我對會議的緊張感。如果我們排除這個因素，被困在車陣中還是令人沮喪，但遠不及那麼糟糕。事實上，從憤怒前狀態的角度來看，有許多事情都不利於我。前一晚我睡得不好，因為

我很緊張。而為了節省時間，那天早上我吃得不多。我穿著西裝，對我來說比其他衣服更不舒服。每一項單獨來看都相對不重要，但總體上它們會產生影響。我感到疲憊、飢餓、焦慮，以及身體不舒服。

對我來說，最具啟示性的是我對這種情況的評估。當我們重新審視這五種類型的想法（錯誤歸因、過度概括、要求過高、災難性思維和煽動性標籤）時，其中一種特別引人注目。我正在進行災難性思維。當然，這些想法中每種類型的成分都有一點。我發現自己對其他駕駛感到生氣（錯誤歸因），並罵他們是白痴（煽動性標籤）。我發現自己說出「這種事情總是發生在我身上」（過度概括）等話，甚至有點自以為是（要求過高）。但比這些想法更糟糕的是，我決定這將毀了我的職業生涯。

我一直在思考演講遲到的後果，在我的腦海中，這些後果是災難性的。這將是公開丟臉。我會冒犯到未來可能想合作的人。我在第二章提到的研究者傑瑞・德芬巴赫博士會在那裡，他會對我失望；他可能會告訴我的指導教授，所以我也會從他那裡聽到。更糟的是，如果我不只是遲到呢？如果錯過了整場演講怎麼辦？我為這個演講做了所有的工作，也親自來到芝加哥，結果卻錯過整件事並丟了自己的臉。

當我制止自己的災難性思維，花時間認真釐清想法時，

我迫使自己處理最有可能的情景，以及它們對我的職業生涯實際代表什麼。首先，我可能不會錯過整場演講，也許只是遲到。這對我來說會很尷尬，但考慮到天氣，人們或許會理解。我的指導教授可能會對我失望，但希望他也能理解（特別是因為我不常遲到）。對於德芬巴赫博士，我也希望如此。希望他也能理解。[76] 最終，當我停下來評估每個想法時，我意識到大多數的災難性想法不太可能成真。情況遠非理想，但不太可能是災難性的。

這是我們處理憤怒的方式之一，透過更好地理解其來源。2017 年，一篇關於情緒智商在憤怒和攻擊性方面之作用的文章，探討了發展這種理解的價值。[四四] 加西亞－桑喬（Garcia-Sancho）及其同事對 650 多名參與者進行情緒智商測試，測量這些參與者在感知、運用、管理和理解自己的情緒的表現。值得注意的是，這是一項衡量他們這些能力的測試，問題有正確和錯誤的答案。有些情緒智商的研究使用自我報告測量，包含類似「從 1 到 5 的等級，其他人向你傾訴有多容易？」的項目，這樣的指標不會太有價值。眾所周知，你可能認為自己擅長某事，但實際上並非如此。[77]

他們發現，總體上情緒智商與憤怒、肢體攻擊、言語攻擊和被動攻擊呈負相關。你的情緒智商愈高，愈不容易感到憤怒或變得具侵略性。事實上，作者指出，「這些發

現表明，擁有高情緒技能，可以減少身體攻擊性的風險，並解釋了為什麼並非所有憤怒特質程度較高的個體，都經常參與肢體攻擊。」換句話說，憤怒的人不總是具有攻擊性的人，原因之一是他們能夠以健康的方式理解、管理和使用他們的憤怒。

最終，一切都回歸到我們在第二章討論的模型。能夠誠實地評估這三個要素（觸發因素、憤怒前狀態和評估），可以幫助你擁有更健康的情緒生活。

---

74 這對與自然災害相關的許多挑釁情況都是真實的。由於雨天而不得不取消大型活動，暴風雪導致車禍，或者病毒引發全球健康危機，對身體健康、心理健康和經濟方面造成廣泛影響時，人們會生氣，並且不總是知道該對誰或什麼感到憤怒。

75 對那些正在計算時間的人來說，這使我的講演遲了十五分鐘。

76 一個有趣的小插曲，當我到達會議現場，第一次見到傑瑞·德芬巴赫博士時，我相當客氣地道歉。他打斷我，說：「這真的不是什麼大問題。我幾分鐘前才剛到這裡。」

77 為了比較，想像一下如果我們試圖以這種方式來測量一般智商。我們不是提出像「墨西哥的首都是什麼？」這種有正確和錯誤答案的具體問題，而是問：「在1到5的尺度上，你對墨西哥的地理有多了解？」

我們應該生氣嗎？

　　首先，評估為什麼我們會生氣，有助於回答一個非常重要的問題：我們應該生氣嗎？我想從一開始就明確指出，「我們應該生氣嗎？」這個問題顯然是一種判斷。在特定情況下，我們無法使用公式來確定自己是否應該生氣。然而，有一系列問題可以問自己，以幫助我們確定（a）我們是否應該生氣，以及（b）我們應該多生氣。它們是：

1. 我是否受到粗魯對待、不公平對待或其他不正當對待？
2. 是某人或某事阻礙了我的目標嗎？
3. 我可能對此有什麼貢獻？

　　讓我們逐一討論這些問題，並談談如何回答它們。首先，也許最簡單的是，你是否受到粗魯對待或不正當對待？我之所以認為最簡單，是因為答案可能是肯定的。請記住，在第三章討論演化時，憤怒之所以存在，是因為它提醒我們，自己受到不公平對待或粗魯對待。很可能，這些憤怒的情緒是大腦在告訴你，有人正對你不好。儘管如此，還是要花點時間，盡可能客觀地問自己這個問題。

　　有關芝加哥交通的例子中，當時我並未真的受到粗魯

或不公平對待。儘管這對我來說是如此重要的一天，所以感覺很針對化，但實際上，我和芝加哥的每個人都經歷同樣的情況。因此，第一個問題的答案是否定的。也就是說，第二個問題（是否有某人或某事阻礙了我的目標）的答案，毫不含糊是肯定的。我有一個非常明確和簡單的目標，就是準時參加這個活動，而天氣干擾了我實現目標。然而，使這個問題真正有價值的，是它有助於人們思考可能的解決方案。如果你知道目標受阻就是你生氣的原因，自然的後續問題就是開始思考應該怎麼辦。

現在我們來討論最棘手的問題，因為它需要一定程度的自我反思和誠實，這對許多人來說是困難的，而且當人們生氣時，這幾乎是不可能的。當你問自己「是不是我做了什麼而導致這種情況？」時，基本上是在問「是否有可能是我開啟了這一切，我是否有意或無意做了某些導致這種情況的事情，他們這樣對待我是否合理？」這些問題不一定令人愉快，因為需要承認自己的罪行，以及相應的罪惡感。它們也包括我們在前一章承認的脆弱感，這在憤怒的瞬間很難被承認和感受。

儘管如此，這可能是三個問題中最重要的。正如第七章提到的，憤怒是一種社會情緒。我們通常在與其他人的互動中感到憤怒，我們必須承認自己為這些互動中帶來了

一些東西。我們需要考慮自己說或做的事情可能如何影響情況。有時會很明顯；我們故意說一些傷人的話，而對方以同樣糟糕的方式來回應。然而，通常情況下，情況不那麼明顯。也許我們無意中傷了對方的情感，也許我們對整個情況的態度，使對方從一開始就處於緊張狀態。

想像一下，你在工作中有一場非常不想參加的會議。你過去曾與此人有過不愉快的經驗，你預計這次也會是一次糟糕的經歷。當你愈來愈接近會議的時候，你會發現自己反覆思考這個人可能對你說的種種事情，你會變得愈來愈煩躁。當會議開始時，你已經達到自己所能想像的最壞的地步，你帶著敵意和沮喪的情緒來參加會議。即使你沒有直接表達這種沮喪，它仍然存在於你的臉部表情、語調、姿勢和整體舉止中。這種明顯的煩躁情緒可能會影響對方與你的互動方式，並且導致對方產生一些本來不應該出現的煩躁情緒。

人們有時會「無意中在他們的社交環境引發可預測的反應」，這是社會心理學家戴維・巴斯（David Buss）博士所謂「喚起」的概念。^{四五}基本上，有競爭心的人通常會引發其他人的競爭心理。易怒的人會引發他人的易怒情緒。他們接觸別人時，帶著這些人對他們不禮貌的期望，所以首先表現出粗魯，並且無意中引發了粗魯的回應。

文獻中與憤怒更具體相關的概念，是德芬巴赫博士提到的過高估計和過低估計。他寫道：「憤怒的個體往往會高估負面事件發生的可能性。」[四六]事實上，當我們編寫憤怒思維量表時，嘗試寫了一些關於錯誤估計機率的傾向的問題。但事實證明，這些類型的思維是如此高度情境化，即情況是特定的，以至於幾乎不可能寫出有意義的問題來捕捉它。

我們知道的是，當我們即將從事自己預期會不愉快的活動時，就會過高估計它進行不順利的可能性。當你去旅行，卻不是對目的地感到興奮，而是在早上想像著機場排長隊和旅行延誤的情景。到達那裡時，你確信它將令人沮喪，因為在前往途中你已經讓自己生氣了。即使事情進展得相對順利，還是發生了兩件事。首先，無論如何你都讓自己生氣了。其次，當相對不重要的事情出錯時，你會透過「看，我就知道會出錯」的視角來詮釋，你會因為相對不重要的事情而變得更加憤怒。

這一切都表明，有時我們無意地在他人對待我們的方式中發揮了作用。這不是暗示我們應該受到惡劣對待或類似的事情，而是說我們對自己所處的社交情境做出了貢獻，有時我們會做一些事情──無論有意或無意──導致從他人那裡受到的待遇。當我們努力理解自己的憤怒時，需要對謎題的這個部分保持誠實。

關於這種情況，憤怒告訴我什麼？

　　正如你現在所知，憤怒是由一個觸發事件、我們在該觸發事件發生時的情緒（即憤怒前的狀態），以及我們的詮釋或評估之間的互動中產生。你可以使用這個模型來繪製幾乎所有的憤怒事件。這種圖表是非常有用的方式，可以幫助你更好地理解自己所處的具體情況，以及為什麼會有那樣的感受。這就是我那次開車去參加會議時所做的事。我思考了模型的每個要素，並盡可能誠實和公正地評估當時發生的事情。

　　進行這種評估時，有助於我們以不同的方式管理憤怒（將在下一章更全面地討論），也有助於我們更好地理解自己所處的情況、我們正在互動的人，以及我們所期望的結果。透過評估自己為什麼會有這種情緒，就能對正在發生的事，以及希望從中獲得什麼有更好的理解。

　　這也將責任的重擔從事件挑起者或挑釁行為上移開，並讓你考慮更大的局面，包括自己的角色。表面上，這聽起來似乎會讓情況變得更糟。有人可能會想「所以，透過更好地理解事件，我會看到自己在某種程度上有責任。這不會讓我感到內疚或難過嗎？」儘管我理解這些感覺可能會出現 [78]，但認識到自己在引起憤怒的情境中所扮演的角

色，實際上可以賦予你更多力量，因為這是你可以改變的情境部分。

讓我們回顧一下第二章的例子，那位經常對學校接送區排隊線感到沮喪的女士。提醒一下，她對家長送孩子上學時應該如何行動有著強烈的看法。這些主要是她自己遵循的非成文規則，而不是學校規定的。她覺得這些規則是「常識」，而其他人顯然不這麼認為。使用德芬巴赫的模型來評估這個令人生氣的事件時，你可以看到觸發事件基本上保持不變，但其他要素發生了變化。她的一些憤怒是來自憤怒前的情緒狀態——在上班的路上感到匆忙。其中一些則來自她對其他人應該如何行動的評估（她可以意識到自己使用的行為標準不同於其他人）。她的一些憤怒也來自在當下對這種延遲後果，進行災難性思考的傾向。

我讓她試著估計，其他家長的行為在典型的早上究竟會延遲多少時間。她的答案是：大多數日子少於五分鐘。這當然令人沮喪，但和災難還差得遠。她可以看到，一旦離開這種情境，並且不再處於憤怒的時刻，實際上這是多麼微不足道。最終，以這種方式評估事件，代表她將精力和想法從「其他人行為不當」轉向「這種情況令人沮喪，但不至於是災難性」。這種變化聽起來可能微小，實際上並非如此。前者的評估幾乎是絕望的，畢竟我們無法改變

其他人的行為，後者的評估則提供一些樂觀的理由。

---

[78] 內疚的感覺也是有用的。正如憤怒提醒我們受到了冤屈一樣，內疚提醒我們冤枉了別人。

關於自己，憤怒告訴我什麼？

以這種方式評估我們引發憤怒的情況，可以揭示許多關於自身處境的訊息，以及可以採取哪些措施來改變它們。然而，當我們深入研究這三個要素時，會意識到還有更多的內容。在不同情況下可能看到的模式，揭示了許多關於我們核心的特徵。憤怒不僅告訴我們一些有關具體情況的訊息，還有關於自己、我們是誰及我們關心什麼的資訊。

讓我們從較容易評估的部分開始：憤怒前狀態。對人們來說，尋找憤怒和其他情緒狀態（如疲勞、飢餓、壓力）之間關係的趨勢非常重要。當你回顧過去幾次生氣的情況，並思考你的憤怒前狀態時，是否有特定的條件或情緒常常出現？也許你認識到在壓力或其他情緒緊張的情況下，你往往會發怒；也許是當疲勞時最容易生氣。識別引發憤怒的因素，在兩方面很有幫助：首先，它提供一個解決方法，避免那些你不想要的憤怒。我們將在下一章詳細談論這個問題，但如果你注意到自己飢餓時容易生氣，試著不要讓自己太餓。其次，即使無法防止這些觸發狀態，即刻關注它們也有助於應對不必要的憤怒。換句話說，對自己說「因為我疲累，所以一切都變得更糟」，在應對憤怒上相當有幫助。

其中一些看似明顯；當然，飢餓或疲倦讓我們更容易生氣，這會讓那些真實的觸發事件感覺更糟糕。但並非每個人都意識到這點，也不是每個人在當下都能意識到。例如，看看 1983 年由諾伯特・施瓦茨（Norbert Schwarz）博士和傑拉爾德・克洛爾（Gerald Clore）博士進行的經典研究[四七]，他們在電話調查中詢問 93 名參與者：「你對自己目前的整體生活滿意還是不滿意？」參與者以 1 到 10 的等級回答，10 分代表最滿意。

研究人員記錄了他們致電地點的天氣情況，他們發現，在雨天時人們的生活滿意度較低，而晴天則較高。儘管聽起來可能並不令人驚訝（畢竟天氣確實會影響心情），但請記住，他們問的不是當時的感受，而是參與者對整體生活的滿意度。這是不同的，當下的天氣不應該影響我們對整體生活的滿意度。這一刻的天氣雖然與當前心情有關，但對整體生活滿意度的影響相對不大。似乎正在發生的事情是天氣影響當下的心情，而當下的心情又影響整體生活滿意度。

不過，這裡特別有趣的部分是，當研究人員透過詢問「順便問一下，那裡的天氣如何？」引起第二組參與者對天氣的關注，該效應就消失了。人們不再報告較低的生活滿意度。透過關注無關緊要的事情，他們不再讓它以相同

的方式影響自己。儘管這項研究的主題與飢餓、睡眠剝奪和憤怒不同，但我會主張這裡發生的情況也相同。如果我們承認影響我們情緒的無關緊要之事，它對我們的影響就會減少。

從憤怒前狀態轉向刺激和評估，我在第二章提到一些常常引起憤怒的不同情況：不公平、惡劣待遇和目標受阻。儘管任何事物都可能成為觸發因素，包括回憶，甚至是想像的事件，但個人通常有特定的情況、人物和行為，會讓他們感到憤怒。透過詢問為什麼特定事物會激怒我們，可以更了解自己。關於我們評估特定的人、情況或行為而導致憤怒的原因是什麼？

例如，想像一下，你是那種容易因別人遲到而生氣的人。你認識到這種反覆出現的模式，所以下一步是問問自己為什麼這對你來說是一種挑釁行為。為何你對別人這種行為的詮釋會讓你憤怒？當我問人們這個問題時 —— 為什麼他們會對遲到感到煩惱 —— 他們會回答類似以下的話：

- 這是不尊重人的。
- 就好像他們認為他們的時間比我的時間重要。
- 我很忙，當我可以做其他事情時，我不喜歡等人。
- 我必須準時，為什麼他們可以不準時？

在此強調，我認為這些詮釋都相當合理。它們可能不完整，因為守時問題通常更多地受組織和規劃的不足所驅動，但它們看起來仍是大致合理的解釋。然而，這些評估背後有兩個截然不同的問題，每個問題都反映了評估者關心的不同方面。其中一些評估表達了不公平或貶低對待的感覺。當有人說「這是不尊重人的」、「他們認為他們的時間比我的時間重要」，或者「我必須準時，為什麼他們可以不準時？」這表達的是他們覺得自己受到不公平對待，或在某種程度上被貶低了。這種詮釋涉及自尊和尊重的問題。

另一方面，當有人說「我很忙，我不喜歡等人」時，他們表達了一種非常不同的擔憂。這是一個目標受阻的問題。他們想要完成事情，而這位遲到的人干擾了他們這麼做的能力。與上述相同的情境，來自對方的相同行為、相同的情緒，但由不同的核心價值所驅使的不同評估。

這很重要，因為特定的個性風格與憤怒的體驗和表達有關。當我們討論憤怒對身體健康的影響時，曾談過一種「Ａ型人格」。然而，還有許多其他的個性風格，而進行這類討論的最佳起點之一是「五大人格特徵」。如果你不熟悉五大人格特徵，這是由保羅・科斯塔（Paul Costa）博士和羅伯特・麥克雷（Robert McCrae）博士確定的五個人

格特徵：開放性、負責任、外向性、親和力和神經質。[79]

對於五大人格特徵和憤怒的研究一致發現，神經質、親和力和外向性，與憤怒之間存在關聯。例如，前面提到2017年的研究中，加西亞－桑喬等人還納入一份人格問卷，發現神經質、親和力與憤怒高度相關。就親和力而言，它呈負相關，因此如果你不具親和力，可能會經歷慢性憤怒。在更早些的2015年，克里斯托弗·皮斯（Christopher Pease）博士和蓋瑞·路易斯（Gary Lewis）博士探討了這種聯繫，並發現類似的模式。

當你評估這些情況時，可以思考你的憤怒反應可能告訴你關於自己人格特徵的訊息。例如，你的反應是否反映出情緒多變、緊張或擔憂的傾向（神經質）？它是否反映了不願意友善、有同情心或樂於助人（親和力）？在上面的例子中，其中一種解釋「我很忙，不喜歡等待」，可能更反映出A型人格的風格，而其他解釋則更反映出缺乏親和力。

再提供一個例子，想像你正在瀏覽最喜歡的社群媒體網站，你看到有人發表與你截然不同的政治觀點。這是人們感到憤怒的常見來源，卻很少有人停下來思考為什麼會因此而生氣。我們都知道許多人的政治觀點與我們不同，那麼為何看到這些觀點會讓我們生氣呢？對某些人來說，

這是一個目標受阻的問題。他們想生活在特定類型的社區中，周遭的人以同樣的方式來關心議題。當他們遇到持不同意見的人時，會解釋成達成目標的障礙。他們會想「如果存在這種人，我們將永遠無法在『議題』上取得進展」，然後變得生氣。

我曾經與一位朋友談過這個問題，她說了不同的看法。她告訴我：「這讓我覺得他們認為我很笨。」

「為什麼？」我問。

她回答：「因為我覺得他們很笨。」她笑了起來。

後來她解釋說，她覺得這些議題是如此明顯，她無法理解為什麼他們看不到這點。她說最終會感到受傷，因為他們似乎不重視她的觀點或角度。當她提出自己認為很好的論點，而他們不改變主意時，她覺得他們一定認為她很愚蠢。她希望他們能理解她的立場，以及為什麼她這樣想。最終，她希望贏得爭論，讓他們站在她這邊。當他們沒有這樣做，她就會感到受傷和生氣。她說：「我是對的，他們不明白這點讓我很痛苦。」對她來說，在某種程度上，這是一個目標受阻的問題，但更多的是自尊心的問題。

在這兩個例子中，憤怒反應並沒有本質上的錯誤。對於這些挑釁行為，憤怒可能是完全合理的反應。更有趣的是，解析在這些情況下憤怒的來源。一旦你對這些思維模

式有了更好的認識，就會開始更了解自己，以及對你來說什麼是重要的。

---

openness、conscientiousness、extraversion、agreeableness、neuroticism 可以使用縮寫詞「OCEAN」或「CANOE」來記憶。不過，我本人不擅長拼字，所以通常必須使用五大人格特徵，作為拼寫 canoe 的記憶工具。

活動：深入了解核心價值觀

　　這是一個四步驟的過程，以更好地了解驅使你憤怒的核心價值觀和信念。

1. 識別幾種不同的情況，在這些情況下你傾向於變得憤怒。雖然目標是識別情況類型，但找出一些你變得憤怒的具體例子可能會有幫助，然後問自己這裡是否存在一種模式或傾向。例如，我可能會說：「我剛才生氣了，因為我的孩子們在爭吵，而不是像我告訴他們的那樣，在自己的房間玩耍。」[80] 然後，我會問自己，這是不是相對一致的模式 [81]。

2. 識別在這些情況下最相關的評估或解釋。使用本書討論過的五種評估類型可能會有幫助：災難性評估、煽動性標籤、要求過高、錯誤歸因和過度概括。但可能也有其他類型。

3. 嘗試更深入地問自己，這種評估傾向對你和你的個性代表什麼。舉例來說，如果你發現自己傾向於災難性思維，這是否反映了一種更悲觀或神經質的性

格？如果你發現自己經常負面地給人貼標籤，這是否反映了一種普遍的輕蔑態度？

4. 制定一個計畫，向前看，當你在未來圖解憤怒事件時考慮到這點。準備好問自己：「是我悲觀的傾向正在驅使我此刻的憤怒嗎？」或「這是不是我封閉心態的結果？」

---

80 剛剛確實發生了。

81 是的，沒錯。

更大謎題的一部分

　　當然，了解我們的憤怒和自己，雖然是過程中的一個重要部分，但只是一個更大謎題的一部分。要與我們的憤怒建立健康的關係，必須知道如何管理它。我們必須落實個人實踐（習慣、行為、思想），讓我們能夠即時和長期地應對憤怒。

11

管理憤怒

不只是深呼吸

在我小時候，週六早晨的卡通節目中，總會播放一條公共服務公告，大意是「當你感到自己變得緊張時，停下來⋯⋯二⋯⋯三⋯⋯深呼吸⋯⋯二⋯⋯三。用思考找到理智。」這聽起來可能相當陳腔濫調，但一定有效，因為三十五年後的今天，我仍然記得它。我提到這件事，是因為這就是大多數人認為的憤怒管理。當你發現自己正變得生氣時，你試著保持控制，並透過深呼吸來克制它。這一點錯也沒有，只是不夠全面。憤怒管理確實包含在憤怒時深呼吸，但還包括更多的事情。

在第二章，我們討論過分析憤怒事件，以便更理解我

們的憤怒和我們自己。然而，進行這種練習還有另一個原因，那就是一旦知道自己為什麼會生氣，就可以在該模型的任何位置進行干預，更有效地處理憤怒。這可能包括透過深呼吸或想像來放鬆，也可能包括許多其他練習。其中一些練習可以在當下進行，但有一些是大局觀方法，可以重塑你的日常活動，幫助你減少不必要的憤怒。

情境想像

　　讓我們想像以下的假設情境。你正開車上班，今天是非常重要的一天。你有不少重要的會議，其中一些需要你到達辦公室後，花點額外的時間來準備。你本來想提早到辦公室，所以沒吃早餐。交通似乎比平常塞一些，你開始感到煩躁。你也開始覺得碰到比平常更多的紅燈，而且通勤時間比預期還長。你變得沮喪，因為你試圖做一切正確的事情。今天是重要的日子，所以你早早去上班，想提前處理一些事情，但現在你將在和平常差不多的時間到達。你心裡想著：「我本來可以吃早餐，現在卻挨餓，而且工作也落後了。」

　　當你靠近辦公室時，被另一名顯然不知道自己要去哪裡的駕駛擋住了。他們開得很慢，每次到達一個路口時都會減速，可能是為了看交通標誌，看看這是不是他們應該轉彎的地方。「這個白痴在幹什麼？」你問。你無法安全地超越他們，所以感覺被困在他們後面。你閃爍著車燈並按喇叭，讓對方知道他們正在拖慢你的速度，但你無法確定對方是否注意到了。現在，你不只無法在正常上班時間到達，還即將遲到。當你想到工作時，你變得憤怒。你對自己說：「今天會是糟糕的一天，我有很多事情要做，卻什麼也做不了。天哪，為什麼這種事總是發生在我身上？」

對事件進行圖解

現在，讓我們以一直使用的模型，討論這起事件的每個部份，從起因開始：上班的路上被阻礙。這是一個經典的目標阻礙例子。你有具體的目標，希望早點到達辦公室，但目標被阻礙了。有趣的是，不只是一個人或一個事件阻礙你的目標，而是一系列事情（交通、紅燈、另一名駕駛）。當然，這是在兩種引起憤怒的情緒狀態（憤怒前狀態）的背景下發生：飢餓和壓力。你對即將到來的重要一天感到緊張，並且為了給自己準備時間而不吃早餐，這似乎適得其反。

在評估方面，我們可以識別出幾種不同類型的想法，包括一些災難性思維（「今天會是糟糕的一天」）、煽動性標籤（「這個白痴在幹什麼？」），以及過度概括（「為什麼這種事總是發生在我身上？」）。你還可以看到一些有關這一天將會如何進行的假設（「我將會工作落後」和「我有很多事情要做，卻什麼也做不了」）。這些預測可能最終是準確的，但也可能不是，你在它們發生之前就因為這些預測而感到憤怒。總之，儘管這種情況可能會讓任何人沮喪，無論憤怒前狀態或評估如何，但在這個例子中有一些微妙的解釋，放大了這種憤怒。

管理憤怒前狀態

我在前幾章中提過，有一些方法可以管理我們的憤怒前狀態，有助於減少不必要的憤怒。如果我們仔細思考最容易加劇憤怒的一些狀態，就能列出類似以下的清單：

1. 壓力或擔憂
2. 遲到
3. 飢餓
4. 疲倦
5. 身體不適

儘管有時候可能很難，但減輕這些不同狀態並非不可能。雖然不是每個人都有這種特權，但我們之中的許多人可以確保自己不會變得飢餓或遲到。我們可以採取措施，應對會使我們容易發怒的不必要壓力或焦慮。我們可以採取措施改善睡眠，以免因疲憊而脾氣暴躁。

在上面的例子中，想像一下，如果你對這一天採取了另一種方式，情況可能有所不同。也許知道你有一個繁忙的工作日，你早點上床睡覺，早點醒來，吃了一頓健康的早餐。在外部處境（相同的觸發因素）不變的情況下，如

果你飽腹、休息足夠，心情可能會有所改變。請注意，吃早餐會微妙地改變你的評估。不再是「我餓死了，我工作會落後」，而是「我工作會落後」。聽起來可能很微小，但如果我們認為，憤怒有時是由許多小事累積起來的結果，那麼去掉其中一些，就會有所幫助。

管理激發因素

我有一位朋友以前很習慣閱讀並回應當地網路新聞文章底下的評論,有時他會花幾個小時與陌生人爭論政治,並在此過程中變得生氣。後來,他會打電話給我,向我傾訴一些人對他寫的東西,或對回應的貼文評論。他與我討論時,會再次變得火大。有一次我忍不住問他:「如果它們讓你這麼生氣,你為什麼還要讀這些文章?」

他笑了,說:「我不知道。我告訴自己我想改變人們的想法,但我知道那並沒有效。」

所以要弄清楚的是,我並非建議他或任何人,總是避免使自己生氣或感到不適的對話。完全不是這樣。這個例子只是為了說明,我們與誰互動及如何與他們互動,其實都是在做選擇。這些選擇會影響我們的感受。某種程度上,我們可以選擇自己所經歷的觸發因素。如果閱讀陌生人的政治評論讓我們憤怒,而我們並不想生氣,就可以選擇不去做這件事。

如果與其他情緒狀態(如恐懼)進行比較,就會更容易意識到,我們自願接觸那些讓我們生氣的事物,這是多麼奇怪的事。大約十年前,我發現,即使我當時喜歡看恐怖電影,但並不喜歡看完之後帶來的感覺。因為看恐怖電

影，我經歷太多失眠的夜晚，所以我了解它們對我不好，大部分時間都不去看。這裡的附註是，如果有一部聽說很好或非常重要的恐怖電影，例如《逃出絕命鎮》（*Get out*）或《隱形人》（*The Invisible Man*），我會特意去看。我已經決定，在某些情況下，為了看一部真正重要且製作精良的電影，感到害怕是值得的。

詹姆斯・格羅斯（James Gross）博士在 2002 年的一篇情緒調節文章中，將這稱為「情境選擇」。四八情境選擇是「選擇接近或避免某些人、地方或事物，以調節情緒」。他以在大考前一夜選擇去朋友家而不是讀書會為例，此人選擇了一個使他感到快樂，而不是焦慮的活動。至於生氣的情況，想像一下，有一位同事讓你不舒服，他經常說和做一些讓你生氣的事。現在，他舉辦了一個工作派對，你也被邀請參加，而你可以決定是否參加派對。如果你認為這可能是一個觸發因素，對於參加與否，你有選擇權。

但如果這個派對是你必須參加呢？如果不參加會損害你的職業生涯，或者你的缺席，對老闆或其他同事來說太明顯了，怎麼辦？你也可以改變你與這些情況互動的方式（格羅斯所謂的「情境修改」）。你可以帶一位朋友或伴侶參加活動，充當你和令人討厭的同事之間的緩衝。你可以把你的感受告訴一位信任的同事，並請他們在你與對方

進行一對一交流的情況下「拯救你」。

之前的例子中，當你在重要的一天上班遲到時，要找出如何避免這種觸發因素可能有點困難。有些觸發因素是突然出現且無法避免。然而，即使在這些相對意外的情況中，如交通堵塞，我們仍然可以找到避免觸發因素的方法。我曾經和一位客戶合作，她重新安排了工作時間表，每天晚些時間下班，這樣就不用在交通最繁忙的時間離開。另一個人開始走不同的上班路線。他說，雖然這是一條更遠的路，但交通較不繁忙，所以大致需要的時間相同——這是一個更寧靜的開車過程，因此是值得的。

「避開觸發因素」是否健康，提出這種問題是合理的：避免那些讓我們生氣的事情對我們有益嗎？例如，在恐懼等類似情緒的背景下，逃避是推動恐懼症和強迫症等多種障礙發展的驅動力，並加劇了其他障礙，如創傷後壓力症候群。它對生氣也可能產生類似的影響嗎？學會應對那些激發我們憤怒的事情，而不是逃避它們，是否更好呢？

這些問題的答案比我想像的還要複雜。在涉及到憤怒時，逃避是比較棘手的行為之一。我和艾瑞克·達倫博士於 2007 年進行了一項研究，我們提供受試者與憤怒相關的各種問卷。四九其中之一是「行為憤怒反應問卷」（BARQ）五〇，該問卷由一組研究人員開發，用於測量六種不同的憤

怒表達風格。其中之一是逃避，包括試圖忘記引起憤怒的事件，或尋找分散注意力的方法。

我們發現，「逃避行為」與一個人傾向於生氣的程度呈負相關，因此人們愈積極嘗試避免引起憤怒的事件或記憶，就愈不容易感到憤怒。逃避行為也與健康的表達方式相關，如深呼吸、尋求社交支持，以及透過聆聽音樂或寫詩來處理憤怒。同時，它也與憤怒抑制相關，這被認為是一種負面的表達方式，與各種健康和人際關係後果相關，如心血管疾病和疏遠朋友、家人與同事。我們可能都有這樣一位朋友，他會說「沒關係」，而我們知道並不是真的沒關係。這種抑制的嘗試可能會讓人感到惱怒。

在這項研究中，逃避行為基本上是好壞參半，取決於我們與之比較的變數。儘管無法確定，但這可能反映了逃避行為的複雜性和情境性之特質。它既有好處也有壞處，取決於具體情境和你要避免的事情。你如何知道這是好的逃避還是壞的逃避？可以說，是透過權衡短期和長期的利益與後果來判斷。

重新思考我那位會在網路上與他人爭論數小時的朋友的例子，讓我們考慮一下避免這種行為可能的短期和長期後果。老實說，在這種情況下，感覺似乎不存在任何現實的短期或長期後果。我想你可以說，他或許能學會在不生

氣的情況下與人意見不合，但這似乎有些牽強。在某些爭論中，他感到憤怒是完全有道理的。這實際上更多是關於他是否需要頻繁地將這些爭論引入他的生活。

　　觀察我們一開始討論的開車例子，情況變得更加複雜。最終，交通是我們可能經常遇到的事情，我們還會遇到各種類似的經歷，比如長時間等待和其他形式的延遲與目標阻塞。也許對你來說，學會應對這種經常性的生活經歷比每天避免它更好。也許最健康的方法是，在那些我們覺得自己沒有情緒能力應對的日子避免它，但在覺得自己想學會應對挫折的日子努力接受它。就像運動一樣，有些日子我們想要全力以赴，而有些日子則需要休息。

管理評估

　　我們管理憤怒的大部分工作，都發生在「為什麼我們會生氣」模型的第三部分（第二章討論過）：認知評估。我們如何解釋刺激，最終是我們在特定情況下為什麼會生氣的最重要部分。在上面的例子中，我們看到一些災難性思維、煽動性標籤、過度概括等。但如果評估不同呢？如果你簡單地對自己說「在如此重要的一天，這很令人沮喪，但我可以應對它」呢？如果你在車上思考如何解決延遲所引起的問題，而不是將其災難化呢？雖然很難在當下識別它們，但一個事件有無限多種解釋，其中許多都不會引起憤怒。

　　以下是與憤怒最相關的五種思維類型的快速提醒：

- ☉ **過度概括**：以過於廣泛的方式描述事件（「這種情況總是發生在我身上」）。
- ☉ **要求過高**：期望他人犧牲自己的需求，來滿足我們的需求（「那個人應該放下手邊的事情來幫助我」）。
- ☉ **錯誤歸因**：歸咎或錯誤地解釋因果關係（「他們故意這樣做，只是為了惹惱我」）。
- ☉ **災難性思維**：誇大事情的嚴重性（「這將毀掉我一整

天」）。

⤵ **煽動性標籤：對人或情況貼上極其負面的標籤（「那傢伙完全是個白痴」）。**

當然，有時候還會有其他相關的思考方式。例如，在對自己生氣的時候，自我責備可能是相關的。我們可能試圖猜測他人的想法（「他一定覺得我是個傻瓜」），或者將事件個人化（「為什麼這種事情總是發生在我身上？」）而導致憤怒。然而，這五種思維最重要，這些是人們在生氣時，通常傾向於採用的思維方式。

管理這些思維有兩個重要步驟。首先，我們必須在當下辨識出它們。其次，我們必須考慮一些替代方法。老實說，對大多數人來說，學會在當下辨識出它們，可能是最困難的部分。這需要努力，不光是在生氣時，在不生氣時也是如此。人們必須願意在憤怒的當下和事後回想時，仔細思考自己的思維模式。

有幾種不同的方法可以做到這點。其中一種方法是評估過去引起憤怒的事件。現在，回想一下你曾經非常生氣的某個時刻，並回答有關它的以下問題。

1. 觸發因素是什麼？

2. 在 1 到 10 的尺度上，你當時有多生氣？

3. 你當時有什麼想法？列出你能記住的所有想法。嘗試
   不考慮它是什麼類型的想法，甚至是否不正確。只是
   不帶批判地列出它們。

當你完成這些問題時，請逐一考慮每個想法。回顧來看，它們是對情況的準確和現實的解釋嗎？它們之中有哪些與我描述的五種思維類型一致？你當時有多懷疑自己應對情況的能力？

更正式的方法是使用情緒日誌。情緒日誌正如其名——一個記錄情緒狀況的日誌，用日誌追蹤當時的不同想法、感覺和行為。這通常是治療師用來幫助情緒障礙患者，意識到他們的思想和情緒之間關係的策略，但情緒日誌不只適用於可診斷的心理健康問題。任何想要擁有更健康的情緒生活的人，都可以使用它們。

情緒日誌還可以包含你想追蹤的任何變數。有些情緒日誌可能包括替代想法的位置，或者感覺之後的行為的位置，這取決於你的目標。現在，讓我們使用只有五列的情緒日誌：情境、情緒、強度、主要評估（有關引發事件或觸發因素的想法）和次要評估（有關你應對情況的能力的想法）。我用上面的例子填寫了一行。

情境	情緒	強度 (1到10的尺度)	主要評估	次要評估
因為交通狀況而上班遲到	生氣，也有些擔憂	生氣：8 擔憂：7	這白痴在幹什麼？為什麼這種事總是發生在我身上？	今天會是糟糕的一天。我有很多事情要做，卻什麼也做不了。

再次強調，像這樣的情緒日誌真的很棒，因為你可以根據自己認為重要的內容來調整。例如，如果你想更加關注自己的憤怒前狀態，可以添加一欄來追蹤它。如果你想探索這種憤怒有沒有告訴你有關自己個性的訊息，也可以添加一欄，以反映可能推動你反應的特質（例如，不耐煩或心胸狹窄）。情緒日誌是一項強大的工具，可以幫助人們更準確地了解自己的情緒，並管理它們。

情緒日誌經常包括的一欄，是一些替代思維的空間。當確定你當時的思維是不合理或不切實際，而且加劇了你的憤怒之際（請記住，有時你的憤怒可能根本不合理或不切實際），下一步是探索一些更合理的替代思維。例如，

上面提到的一些替代思維可能是「這確實令人沮喪，我不喜歡這樣的事情發生在我身上」或「這樣我會晚 10 分鐘，我必須進行調整」。

這兩種說法的價值在於，它們是準確和現實的。它們不是為了淡化真正後果而做不誠實的解釋。你並未說「一切都會好起來」，因為它們可能不會好起來。你也沒有說「這不是什麼大不了的事」，因為它可能是一件大事。你正在接受一種對自己所處情況的真實和明智的理解，這種解釋導致了略微不同的情緒結果。

當面臨看似負面的事件時，人們會進行各種替代評估，這些替代評估可能會導致更健康的情緒結果。2001 年，三名心理學家開發了「認知情緒調節問卷」（CERQ）[五一]，來衡量人們經歷負面事件時的不同思維類型。其中一些我們已經討論過了。就像許多思維調查一樣，CERQ 測量了自我責備、指責他人、沉思和災難性思維。這份問卷的有趣之處在於，它還測量了一些通常與更積極的情緒體驗相關的思維。具體來說，包括重新聚焦計畫、積極重新聚焦、積極重新評估、接受，以及合理地看待事物。

重新聚焦計畫是指去思考解決我們所面臨的問題，或處理目前情況所需採取的行動。積極重新聚焦是指我們試圖回想過去更積極的經歷。因此，基本上是把自己從目前

的情況中移開，專注於其他不那麼令人不安的經歷。積極重新評估是指我們試圖以更積極的方式，重新詮釋相同的事件。接受是試圖容忍情況，認為它是我們無法改變的事情。最後，當我們將事情放在更廣泛的背景中考慮時，透過將它與其他負面經歷相比，從而減少災難性思維。

2005 年，我們進行了一項研究，調查 CERQ 與憤怒之間的關係。^{五二}我們讓近 400 名參與者填寫 CERQ 及幾項有關憤怒、壓力、焦慮和憂鬱的測試，試圖確定這九種思維類型中，哪些對於減少憤怒來說最有問題，哪些對於減少憤怒最具有適應性。整體而言，我們發現了你可能期望的結果。指責他人、自我指責、災難性思維和沉思都與憤怒有關。從事這些類型思考的人更容易生氣，並以不健康的方式表達憤怒。

然而，對於被認為更具適應性的其他思維，情況就複雜一些。重新聚焦於計畫、思考更積極的事物，或試圖將事情放入更廣泛的背景中考慮的人，不一定比其他人更少生氣，但當他們生氣時，確實以更健康的方式表達憤怒。[82]如果你必須從這項研究選擇最佳的積極思維類型，那就是積極重新評估，即我們試圖以更積極的方式重新詮釋情況。這種思維類型導致更少的憤怒和更健康的表達方式。

這些替代性的想法涵蓋了主要評估和次要評估。當你

將負面情況重新評估為積極的時候，不僅改變了對挑釁的評估，還重新思考應對這個負面事件所需的方式。這很重要，因為次要評估，或者你認為自己能夠應對負面事件的能力，對於管理憤怒相當關鍵。在前述開車上班的例子中，很多憤怒情緒源於你認為自己無法應對延遲。當你說「今天會很糟糕」時，實際上是在說你無力修復它。

我們如何將評估從無助感轉變為賦權感？這就是像重新聚焦於計畫等思維類型特別有價值的地方。當人們從災難性思維（「這會毀了我的一切」）轉向計畫思維（「這很令人沮喪，那麼我們該如何解決？」）時，他們停止將自己視為情況中的被動參與者，變成了實際上有能力適應環境的人。

---

[82] 他們也比較不容易感到憂鬱、焦慮或壓力大，因此，這種積極思考的好處遠不止對憤怒的控制。

活動：重新思考激怒思維

　　這個活動的目的，在於幫助你以較少憤怒但現實的方式，重新思考你的一些激怒思維。目標不是為了讓你減少憤怒而對自己撒謊（不是從「這太糟糕了」轉變為「沒什麼大不了的」）。相反地，嘗試識別可能更積極和賦權的微妙轉變。

1. 列出你在生氣時的一些想法。
2. 盡你所能，識別這些想法的類型（如災難性思維或煽動性標籤）。
3. 識別一個準確但較少激怒的替代想法。我在下面提供了一些例子。

激怒思維	思考類型	替代想法
他總是這樣做！	過度概括	他這樣做的次數比我想的要多。

這會毀了一切！	災難性思維	這很糟糕，我們得制定策略來解決。
他們怎麼就不能做對呢？	錯誤歸因 煽動性標籤	他在這方面持續遇到困難，可能需要幫助來解決。

超越接受

　　有一種據稱是積極的思維類型，似乎在應對憤怒方面沒有太大影響。人們常常被告知，接受那些他們無法改變的事情。然而，嘗試接受不僅與憤怒無關，還與憂鬱和壓力相關。當你試圖單純接受一種負面情況，而不加以改變時——當你說「我只能忍受這種負面經驗，因為我無能為力」——不僅對憤怒毫無影響，還會導致額外的壓力和悲傷。這項發現對於憤怒非常重要，它表明感受到憤怒卻無所作為，對我們來說並不好。我們需要找到利用它來進行積極變革的方法。

12

利用憤怒

診斷憤怒

　　到目前為止，我概述了慢性或控制不當的憤怒，可能帶來的一系列問題。從暴力行為到心理和生理健康問題，再到人際關係困難，憤怒對於那些無法控制自身憤怒及其周圍的人的生活，可能會帶來災難性後果。然而，儘管存在這些潛在問題，憤怒並不像其他適應不良的情緒一樣，被視為精神健康問題。憂鬱症反映了適應不良的悲傷，焦慮症則反映適應不良的恐懼，但在《精神疾病診斷與統計手冊》的最新版本中，沒有列出適應不良的憤怒的任何疾病[83]，以前的版本也是如此。

　　坦白說，這是一個我無法完全解釋的奇怪遺漏。美國

精神醫學學會因為對相對常見的人類經驗過度病理化，長期以來一直受到批評，所以在這種情況下，看到他們可能被指責病理化不足，感覺特別奇怪。並不是他們完全忽視憤怒，有幾個地方列出了憤怒或類似的情緒（如煩躁），作為某些症狀的表徵。例如，憤怒被描述為邊緣型人格障礙、創傷後壓力症候群和經期前情緒障礙症的症狀之一。

特別有趣的是，憤怒經常被認為是憂鬱症的症狀。煩躁被列為重度憂鬱症和持續性憂鬱症的症狀，並且在標準中指出，煩躁只是兒童和青少年的症狀。DSM-5 中最接近憤怒疾病的新型憂鬱症稱為侵擾性情緒失控症（DMDD），其中包括煩躁、言語虐待和身體攻擊。然而，DMDD 仍然被列為一種憂鬱症，只有在十八歲之前首次發作時才能被診斷。DSM-5 的作者們似乎認為，憤怒主要是兒童憂鬱症的症狀。

最終，憤怒應該像 DSM-5 中其他以情緒為根基的疾病一樣被看待。我們承認悲傷在多數情況下是健康的，但太嚴重或持續時間過長時（如重度憂鬱症），就會變得病態。我們承認恐懼在多數情況下是健康的，但當我們對特定物體或情境過於害怕時（如特定恐懼症和社交焦慮障礙），可能會變得病態。

那麼，為什麼我們如此不願意將憤怒視為一種健康的

情緒，而當其持續時間過長、嚴重或表達不當時，可能會變得病態呢？

---

83 這本關於可診斷心理健康狀況的厚重書籍列出從「單次發作的重度憂鬱障礙，伴有憂鬱特徵和產褥期發病」到「與睡眠相關的低通氣」，再到「行為障礙，兒童期發病，伴有有限的親社會情緒」等各種疾病。然而，它並沒有列出任何憤怒障礙。

提議的診斷方法

在 DSM-5 中，憤怒的相對缺席並不是因為憤怒研究人員缺乏努力。至少有四種與憤怒有關的不同疾病，已被列為潛在的診斷標準。對我來說，最有趣的是憤怒調節表達障礙（ARED），因為它是為了取代 DSM-5 中已有的某些內容：IED（間歇性爆怒症）。正如第六章提到的，IED 是一種衝動控制障礙，患者無法抵抗口頭或身體的攻擊衝動。儘管可以合理地假設這些攻擊性事件背後存在一些憤怒，但現在你知道，即使我們將 IED 視為憤怒障礙，仍然是對憤怒可能表現方式非常狹隘的觀點。IED 的診斷標準中，沒有任何內容可以捕捉到非攻擊性卻有問題的憤怒表達形式。

迪朱塞佩博士和塔福拉特博士制定了 ARED 的標準[五三]，其中捕捉到 IED 的症狀，還包括目前 IED 中未包含的其他有問題的憤怒。例如，除了言語和身體攻擊，ARED 包括更多間接或被動形式的攻擊行為（如諷刺、暗中破壞、散布謠言），作者也指出，憤怒不一定要導致任何特定類型的外部表達，就對個體構成問題。標準包括兩類症狀：憤怒情緒和攻擊性／表達性行為。第一類症狀適用於那些反覆出現的憤怒經歷，儘管它們並不具有攻擊性，但會導致

各種負面後果（如沉思、無效溝通和退縮等）。第二類症狀是與憤怒有關的攻擊性或表達性行為，包括 IED 的症狀（如身體攻擊），以及某些形式的被動攻擊（干擾或對他人的社群網絡產生負面影響）。[84] 某人可能同時符合這兩個類別，因此標準包括根據個人具有的症狀之三種不同亞型（也就是憤怒情緒亞型、攻擊性／表達性行為亞型，以及混合亞型）。

我想指出，就像 DSM-5 中的幾乎每種疾病一樣，只有在「有證據表明，由於憤怒發作或表達模式而對社交或職業關係造成定期損害」，你才會被診斷出患有這種疾病。換句話說，除非有明確且一致的問題模式與你的憤怒有關，否則你不會被診斷為患有該疾病。同樣地，與悲傷和恐懼一樣，這裡的想法不是自動將憤怒經歷當作疾病，而是要認識到它可能成為一個問題。

有關這些標準，你會注意到兩件事情。首先，它涉及「為什麼我們會生氣」模型中，我們還沒有談論太多的新部分：憤怒的感覺（實際感覺狀態）和憤怒的表達（當我們生氣時如何表達憤怒）。這個提議的診斷方法很大程度上反映了憤怒本身的感覺，以及其表達方式。它與觸發因素、憤怒前狀態或評估無關。

第二，它承認了我認為關於憤怒最重要的一點：如何

表達憤怒非常重要。當我們陷入適應不良的表達方式時，憤怒就會成為問題。當我們管理並以健康的方式使用它時，就可以成為我們生活中一股強大的力量。那麼，我們如何做到這一點呢？有好幾種方法。

ARED 的的診斷標準證明了科學家可以通過專業術語使任何事情聽起來更加複雜。散布謠言變成了「對他人社群網絡的負面影響」，粗俗語言變成了「令人反感的言語表達」，而對某人比中指則成了「負面示意動作」（這是一種特定類型的『挑釁性身體表達』）。

把憤怒視爲燃料

在第三章中，我們談到當你變得生氣時，杏仁核會引發一系列生理反應。腎上腺素充斥著你的身體，心率加快，肌肉繃緊，呼吸加快，你的身體為一場爭鬥做好準備。你可以把你的憤怒視為燃料。它實際為你提供了改變需要改變的事物，以及解決需要解決的問題所需的能量和力量。有時這些問題很小。你的水龍頭漏水好幾個月，但有一天，由於某種原因（綜合觸發因素、憤怒前狀態、評估），它讓你感到沮喪，以至於你放下一切修理它。

然而，有時這些問題是巨大的。你目睹了嚴重不公正的狀況，以至於根本無法忍受。這是一個真正且客觀上是災難性的情況。你讀到一篇有關氣候破壞的文章，看到一段關於警察暴力行為的影片，了解性騷擾或網路欺凌頻率的新事實，你對事情的狀況感到憤怒，這激發了你採取行動的渴望。你捐款給一個組織，參加抗議活動，寫信給當地報紙，或者做更重要的事情。你感覺到的那種憤怒為你提供所需的動力，使自己致力於做出改變。它告訴你有問題存在，並激勵你改正那個錯誤。

然而，就像任何燃料一樣，其中也存在著注意事項。首先，正如燃料具有不穩定性，憤怒也是如此。如果你不夠小

心，很可能就會發生不必要的爆炸。其次，如果你不補充燃料，最終它將被耗盡，使你的油箱空空如也。有一些策略可以應對這兩個潛在問題。

控制你的憤怒

　　即使生氣是對的，我們可能需要找到方法來控制憤怒，以免爆炸。在上一章中，我們談到透過管理觸發因素、狀態和評估來管理憤怒。但如果我們的評估是正確的呢？當某人真的有錯，當我們不是要求特殊待遇而是公平待遇，或者當情況真的是災難性時，我們如何管理自己的憤怒？

　　同樣地，只有當你認為可能因此做出不負責任的事情時，才需要控制自己的憤怒。正如我之前提到的，有時候憤怒會干擾我們的思考能力。如果我們冷靜下來，或許能更有效地解決問題。處理不必要的憤怒情緒，最好的方法之一是放鬆。這對於憤怒和焦慮問題都是一樣的。憤怒和放鬆是我們所謂的不相容的情緒狀態，代表你不能同時感覺到它們。就像你不能同時放鬆和害怕一樣，你也不能同時放鬆和生氣。

　　當人們感到憤怒時，可以使用各種放鬆的方法，它們主要涉及某種深呼吸和／或分散注意力。在深呼吸方面，我們可以看到從快速的「三角呼吸」（吸氣三秒，停留三秒，呼氣三秒），到較長的方法，即找到一個遠離人群的舒適地點，然後進行一些簡短的深呼吸練習。在許多方面，這取決於你可能需要什麼（你有多生氣？），以及你當時

能做什麼（你能離開嗎？）。例如，有時即使你感到有必要控制自己的憤怒，但稍微仰起頭、深呼吸並釋放它的瞬間，就足以幫助你再次集中注意力。然而，還有其他時候，你可能需要遠離人群，找一個安靜的地方進行五到十分鐘的深呼吸練習。

深呼吸的另一種變化包括漸進式肌肉鬆弛法，其中你可以針對特定的肌肉群繃緊和放鬆。例如，現在花一點時間，握緊拳頭，保持三秒鐘，然後放鬆。你可能會注意到，當你放鬆時，你的手和手指充滿強烈的放鬆感。我的大學心理學教授把這種情況比喻成一個來回擺動的鐘擺，從緊張到放鬆，這個比喻對我來說很合適。漸進式肌肉鬆弛法的程序可能有所不同，但通常人們會先躺下，深呼吸幾次，讓腳部肌肉繃緊三到五秒鐘，再放鬆三到五秒鐘。然後他們會移動到小腿、大腿及整個身體，包括額頭和下巴。

在分散注意力方面，人們常會將引導性視覺化融入到深呼吸中。視覺化是當人們使用某種心理想像，將自己從令人生氣的情境中，轉移到一個更加輕鬆的地方。他們可能會想像一個特定的場景或活動，使他們覺得舒緩（通常是大自然，如海灘或森林）[85]。對某些人來說，這可能代表躺在海灘上，沐浴陽光，聆聽著想像中海浪拍打岸邊的聲音。對其他人來說，可能代表在森林中漫遊很長時間。具

體情況取決於人們擅長的事情。如果你有豐富的想像力，也許能夠帶自己去任何地方，無論你以前是否去過。有些人或許需要想像自己曾去過的地方，甚至是一個放鬆的特定日子。還有一些人可能會接受由音頻紀錄引導的視覺化，透過旁白引導他們穿越一個放鬆的場景。

85 關於大自然和放鬆的研究特別引人入勝。與情緒的演化觀點有關，許多學者提出我們的演化歷史，使我們天生就會被大自然所修復。

重新填滿憤怒燃料箱

　　憤怒如同燃料，這個比喻的另一面是，有時在我們最需要它的時候耗盡了燃料。以社會性問題或你可能關心的問題（例如環境破壞、腐敗、種族主義、性別歧視）來思考這點。由於我們每天都聽到這些問題，或許很難保持一個有意義的憤怒程度。這種情況的流行文化術語是「憤怒疲勞」。人們被關於事情有多糟糕的訊息淹沒，所以對自己關心的問題感到筋疲力盡。憤怒疲勞會導致絕望感（「事情永遠不會好轉」）和疲憊感（「我無法繼續這樣做」），而這可能對人們有害。我經常聽說有人選擇遠離任何形式的公民參與，甚至包括追蹤新聞，因為他們覺得太悲傷或憤怒。

　　同時，憤怒疲勞包括心理學家所稱的「習慣化」。習慣化是指我們對刺激物的適應方式，使其不再像以前那樣引起強烈的反應。想像一下，你的辦公室外有幾天在施工。起初，錘子敲打的聲音可能會讓你感到煩惱，但過了幾天，你會習慣它。你已經習慣該刺激物，不再注意它。以憤怒疲勞來說，讓我們想像一下，你非常關心環境並支持保護環境的政策。當你第一次聽說總統、州長或其他領導人提出會導致環境損害特別嚴重的政策時，你可能會感到憤怒。然而，隨著那個人繼續通過這樣的法律，你可能會習慣它

（習慣化），因此不再像以前那樣生氣。

從「利用憤怒」的角度來看，憤怒疲勞是一個問題。當我們習慣於所面臨的問題時，無論是個人的挫折，如在工作中受到不公平對待，還是更廣泛的社會不公正待遇，我們失去了進行變革所需的燃料。疲憊與精力充沛相反，因此需要找到一種方法，來保持憤怒應該為我們提供的能量。

有兩種方法可以重新填滿我們的憤怒燃料箱（鑒於憤怒通常帶來負面後果，應謹慎使用）。首先，在你對問題感到最生氣時，花點時間反思自己的感受。記住那種憤怒，以便之後能夠自己活化它。思考引發的原因，並注意自己的想法。思考你想如何處理這種憤怒。從某種意義上來說，這與我們談到的用於幫助放鬆的視覺化相反。這是一種視覺化，幫助你在真正需要時保持憤怒。

第二種找回憤怒的方法，是積極尋找那些引發的原因。這與上一章我們討論的避開刺激正好相反。在社群媒體時代，相當容易就能接近我們的憤怒信號。如果你想因為政治問題感到憤怒，只需前往政治立場與你完全相反的表親的臉書頁面，閱讀他們的一些文章即可。前往 Twitter，查看一些讓你感到憤怒的趨勢。

這種想讓自己感到憤怒的想法，對某些人來說可能

聽起來難以置信，但如果在體育競賽的情境下考慮它，實際上是非常普遍的。我的一位學生凱拉‧胡克（Kayla Hucke）曾經做過關於這個概念的學術專題研究，她研究了大學級運動員如何在體育競賽中使用憤怒和焦慮。^{五四}她有 169 名學生運動員的樣本，問了他們關於比賽當天、比賽前和比賽期間想要感受的情緒。她還評估了他們的情緒智商（他們理解、感知、管理和利用情緒的能力），並詢問他們在體育競賽中憤怒和焦慮如何幫助或妨礙他們。

結果令人矚目。運動員希望在比賽當天開始就有一點憤怒，而隨著一天過去，他們希望變得更加憤怒，而在實際比賽期間，他們感到最憤怒。與恐懼相比，他們希望能夠在比賽當天感到焦慮，比賽前感到很多焦慮，並在比賽中消散焦慮。儘管她發現在體育競賽中的憤怒，有些確實被認為是負面的後果（一些運動員發現它會分散注意力，或者他們的消極情緒可能影響自己或隊友），但運動員也確定憤怒在比賽中帶來的一些實際好處。具體來說，他們的憤怒使其腎上腺素飆升，讓他們更努力，激發他們更有動力。換句話說，他們的憤怒為他們的表現提供了動力。最後，那些情緒智商得分最高的運動員，在運動表現中更成功。那些能夠自己激發燃料，並將其引導到活動中的人表現最好。

那些反覆思考的想法

你是否在生氣的情況過後，發現自己無法釋懷？也許你會發現自己一次又一次地在腦海中播放這個情況，思考你希望自己當時應該說的話？或者是實際上還沒發生的情況，但你發現自己思考著預期的情景，以及你預計要說、對方預計對你說的話的不同可能性？如果是這樣，你並不孤單。這是一個眾所周知、與情緒有關的概念，稱為反覆思考或沉思，它可能會令人相當不安。[86]

第十一章提到我們進行的一些研究，其中一項使用「行為憤怒反應問卷」，另一項使用「認知情緒調節問卷」。這兩份問卷都有一個測量沉思的子量表，其中他們詢問關於沉思或繼續思考憤怒事件的問題。在我使用這些問卷進行的研究中，我們發現了一致的模式。沉思與變得憤怒的傾向和憤怒的適應不良表達（包括具有復仇思想和暴力思想的傾向）之間存在相關性。有趣的是，在這兩項研究中，沉思與憤怒壓抑最相關。這代表如果你傾向於感到被挑釁時，試圖克制你的憤怒，隨後就更有可能反覆思考。

如果我們仔細思考這種模式，它看起來像這樣：人們感到被挑釁，試圖不對挑釁做出回應，但隨後似乎無法停止思考它。在我們 2004 年的研究中，不僅觀察了憤怒，還

有憂鬱、焦慮和壓力。沉思也與這三種情緒狀態相關。現在，有多種方法可以應對不必要的反覆思考。從很多方面來看，反覆思考與擔憂有相似之處，所以，就像對待擔憂一樣，有效的處理方式之一就是轉移注意力。你可以讀書、聽音樂、看電影或電視節目，或者使用其他能夠占據你的思維的機制。

根據這些和其他發現，很容易就認為反覆思考對你不利。畢竟，它與憤怒、憂鬱、焦慮和壓力相關，但還有另一種思考該模式的方式。也許反覆思考是你的大腦告訴你尚未解決該情況的方式。你的大腦不會讓它過去，這可能代表你對解決方案感到不滿意。簡而言之，反覆思考可能是你的憤怒向你傳達的另一種方式，表明你或你關心的其他人受到了不公平對待。

這有點像是一首歌卡在你的腦中。當這種情況發生時，擺脫它的方法之一是把它唱完，取得終結。對於反覆思考，應對方法之一是試圖結束，尤其是如果你反覆思考是因為一開始壓抑了憤怒。重新審視你壓抑憤怒的困難對話，這次以更直接的方式表達自己，可能會有幫助。聯繫讓你生氣的人，然後重新對話，透過說一些像「那天當〔引起憤怒的事情〕時，我感到生氣，但什麼都沒說。」你可能仍然無法從這次新對話中，獲得你想要的結果（我們無法控

制別人如何回應），但會對如何處理自己的那一部分感到更自在。

---

86 我要利用這個時候坦白，我就是沉思的活生生例子。事實上，有一次我帶著三歲的兒子從日托中心開車回家時，我對工作日有著各種沉思和憤怒的想法。我們在聽音樂，突然他說：「你說什麼？」我回答道：「我什麼都沒說，夥伴。」他又說：「不，你說了，你說的是〔重複了我所謂的內心獨白的全部內容〕。」這一天我意識到，要麼他能讀心……要麼我不只是沉思，還在自言自語。

憤怒有助溝通

從演化的角度來看，憤怒的好處之一是它有助於溝通。正如我們在第三章討論的，所有情緒都是溝通工具。當我們悲傷、害怕或憤怒時，做出的臉部表情對周圍的人傳達了一些重要訊息。我們的眼淚告訴別人我們需要幫助。我們睜大的眼睛和尖叫，告訴別人我們處於危險之中（因此他們可能也處於危險之中）。我們的怒視和皺眉，告訴別人他們可能冒犯了我們，我們的關係需要修復。

顯然，我們已經進化到不再完全依賴臉部表情和其他非語言方式來傳達情緒（儘管我們的非語言方式仍然很重要）。然而，當談到使用憤怒時，表達我們的憤怒仍然是一個有價值的工具。尤其當我們的憤怒是合理的那些時刻。我們受到冒犯，需要向冒犯我們的人傳達我們的感受，以及為什麼我們會有這種感覺。或許很困難，但這是獲得我們可能正在尋找的解決方案的第一步。以下是一些進行這些困難對話時，可以充分利用的技巧。

提前計畫困難對話：考慮你想傳達的要點，如何傳達它們，以及對方可能會有什麼反應（他們可能有什麼感受及如何回應）。你無法計畫一切，但提前了解自己想傳達的內容，有助於你傳達立場並幫助你在當下保持冷靜。

練習「當發生這種情況時，我感到」的陳述：嘗試避免像「當你……時，讓我生氣了」這樣的語句。相反地，嘗試「當你……時，我感到生氣。」基本上它傳達了相同的事情，但卸除了對方的責任。這個方式承認你在自己的憤怒中扮演一種角色（也不必完全承擔責任）。

保持專業：我最不想成為的是「語調警察」。我說過，表達憤怒的方法不是只有一種，有時大聲尖叫是唯一能被聽見的方式。那麼，在這些困難的對話中，保持冷靜和專業可以防止對方變得充滿防禦性。嘗試不要侮辱對方或大聲吼叫。如果你傾向於自信而非攻擊性，可能會取得更多進展。

緊扣主題：分歧很容易失控，可能會讓你試圖吵贏對方，而不是解決爭端。嘗試保持談話的重點圍繞著特定問題。例如，如果討論的重點是你希望朋友知道你生氣是因為他們對你撒了謊，那就不要提起他們在你們的友誼中所做的其他不好的事情。專注於你生氣的具體事情。

確保傾聽：困難對話中的一半是傾聽對方說話。很多時候，人們在對方講話時並沒有在聽，而是花時間思考他們想說什麼。嘗試別這樣做。傾聽並關注他們所說的內容、他們可能的感受及想法。

如果需要就休息一下：最後，如果在困難的對話中感

覺事情變得太激烈或不再有成效，那麼可以休息一下。你可以說：「我認為我們現在在這方面取得不了什麼進展，所以為何不稍後再回來討論呢？我需要一些時間。」

避免情緒宣洩

　　人們常常錯誤地認為，處理不必要的憤怒的好方法是「宣洩出來」。他們建議打枕頭或參加激烈的運動，甚至玩暴力的電子遊戲。事實上，在過去五到十年裡，我們看到了美國各地開設「憤怒房」（rage rooms）的趨勢。憤怒房是人們可以花錢去砸東西的地方，被宣傳成是處理不必要的憤怒的一種方式。[87] 這類場所的想法根植於「情緒宣洩」的概念，這是一個與亞里斯多德一樣古老的概念。不幸的是，對於亞里斯多德和每一位憤怒房所有者／參與者來說，情緒宣洩實際上並不能緩解不必要的憤怒。事實上，它與人們期望的效果完全相反。

　　為了解釋原因，我想回顧一下布希曼博士的研究工作。他是第六章討論過的侵略研究學者，我們在該章討論了侵略性駕駛，他也是「情緒宣洩迷思」的領先專家。我曾訪問過他有關宣洩理論的內容，他是如此描述：「宣洩理論聽起來很優雅。人們喜歡它，但實際上沒有太多的科學證據來支持它，所以我認為我們需要破除這個迷思：宣洩憤怒或發洩情緒對健康有益。」

　　他解釋道，雖然這個想法可以追溯到亞里斯多德，但它是由佛洛伊德博士修訂的，他使用水力模型來描述憤怒。

他說：「佛洛伊德認為，憤怒會在人體內部積壓，就像壓力鍋內的壓力一樣，除非你宣洩憤怒，否則人們最終會爆發出侵略性的憤怒。然而，當人們宣洩憤怒時，他們只是在練習如何更具侵略性，比如打、踢、尖叫和大聲喊叫。這就像用汽油撲滅火源，只會助長火勢。」

我請他列舉一項研究，以了解我們如何知道宣洩憤怒起不了作用，他告訴我關於他和他的同事在安慰劑效應背景下探討宣洩憤怒的研究工作。[五五] 這是他們近年來的一項研究，建立在幾十年的研究基礎上，發現宣洩憤怒不會減少憤怒。他說：「如果宣洩憤怒在任何情況下都有效，那麼當人們相信它會有效時，就應該有效。」因此，為了測試這一點，他們隨機分配 707 名參與者，讓他們閱讀一篇文章。其中一篇提到宣洩憤怒有效且健康，並提供科學證據來支持這種減少憤怒的好方法；另一篇文章則說宣洩憤怒無效、不健康，並提供科學證據來支持這一觀點。

然後，參與者寫了一段關於墮胎的立場陳述，完成後，研究人員拿走這份陳述，告訴參與者它將被交給另一名參與者進行評估（實際上並不存在「另一名參與者」）。與此同時，參與者得到一份有關墮胎的文章，據稱是由同一個「其他參與者」所寫，以供評估。他們收到的文章總是與自己的立場一致，以確保之後的侵略行為不是因為意見

不同而報復。然後，他們互相對彼此的文章評分，虛假參與者批評參與者的文章。正如布希曼博士所說：「他們給予虛假參與者最低的評分，並寫下類似『這是我讀過的最糟糕的文章』的評語。」這就是他們的憤怒誘導。

在參與者感到非常生氣後，他們被告知什麼都不做（對照組），或者宣洩他們的憤怒，方法是打拳擊沙袋（實驗組）。接下來，用情緒問卷測量他們的憤怒，然後（這是我最喜歡的部分）讓參與者參加一項 25 輪的競技活動，他們試圖比對手更快按下按鈕。當贏得遊戲時，他們被允許透過播放大聲的刺耳噪音 [88] 來懲罰他們的「夥伴」。他們可以控制噪音的大小，從 0 到 105 分貝不等，以及對方必須聽多長時間。這是研究人員測量侵略行為的方式。當他們輸掉比賽（半數情況下），則會收到來自「對手」的噪音轟炸，噪音的長度和音量是隨機決定的。

現在，如果真的存在宣洩理論，那麼在問卷調查中得分最低且行為最不具侵略性的應該是（a）被引導相信宣洩憤怒會起作用的人（他們讀了一篇假文章，宣稱這是一種處理憤怒的好方法），以及（b）有機會打沙袋的人。然而，恰恰相反。布希曼博士說：「實際上，他們最憤怒、最具侵略性。我們不僅沒有看到安慰劑效應，還看到了反安慰劑效應。」

當你生氣時，最好避免透過侵略性手段「發洩」類似洩憤的行為，比如打東西、尖叫和大聲喊叫、玩暴力電子遊戲、觀看其他暴力媒體。這無法幫助你處理憤怒，相反地，可能會讓問題變得更嚴重。

87　劇透警告：它們並不奏效。而且，我對他們選擇稱其為「憤怒房」（rage rooms）感到不滿，因為還有一些很棒的雙關語可以使用。為什麼不叫做「毀壞／挫折房」（wreck rooms）或「打破／休息房」（break rooms）呢？

88　他在電話中播放給我聽，首先他這樣描述：「這種噪音是人們真正很討厭的噪音混合，比如指甲刮在黑板上、牙醫的鑽頭、吹號角、警報聲等。」他說得對，真的很可怕。

將憤怒轉化為有益社會

當我談論情緒宣洩的迷思時，人們經常問我：「如果壓抑和表達憤怒都對你有害，那還剩下什麼？」這個問題的答案其實相當簡單，表達你的憤怒對你並不壞。是的，研究已經顯示，過於頻繁地以侵略性的方式表達它，可能對你有害。但正如我說過的，有無數種表達憤怒的方式，其中包括將挫折、憤怒甚至暴怒，轉化為積極和有益社會的事物。那麼有哪些可能性呢？它們是無窮無盡的，以下是一些例子：

- ☾ **解決問題**：憤怒提醒你問題的存在。將你的憤怒引導到識別和解決問題上。
- ☾ **創作藝術、文學、詩歌和音樂**：有些美麗而有力的藝術作品既受到憤怒的激勵，又是憤怒的有力表達。憤怒可以用來創作有意義且美麗的作品。
- ☾ **堅持自己的主張**：當你生氣時，進行有意義的對話是完全可能的（儘管有時會感到不舒服）。當人們冒犯你時，以肯定的方式告訴他們。
- ☾ **尋求支持**：有時，當你生氣時，最需要的是一個願意傾聽和理解你的人，尤其當目標不是發洩而是處理挫折。

⊘ 尋求更廣泛的改變：當人們對社會或政治上的不公感到憤怒時，他們可以利用這種憤怒來創造一個更美好的社區和世界 —— 為重要事業捐獻或志願服務、抗議不公、寫信給編輯，甚至參選公職。

活動：運用憤怒

對於最後一項活動，我希望你使用這三個步驟，思考在先前的情況下可以如何運用你的憤怒。

1. 請回想一個你真正憤怒的時刻，即使事後（就算衡量你當時的評估和想法之後）你仍覺得那種憤怒是合理的。
2. 繪製模型的後半部：當時的憤怒在你體內是什麼感覺？你又做了什麼？
3. 辨識你可以用這種憤怒做出積極、有益社會的三件事情。

最後的想法

　　儘管與情緒宣洩有關，但我對憤怒的壓力鍋隱喻並不反感，這是情緒宣洩背後的理念之基礎。我可以理解為什麼宣洩情緒對人們來說感覺正確。我們可能都曾感到日常的挫折不斷積壓，直到我們因「一些小事」而爆發。因此，我能理解為什麼人們會認為需要在爆發之前先發洩情緒。

　　然而，我更喜歡以不同的方式看待憤怒。它是一種強大的燃料，有助於運行你這臺複雜的機器。就像任何燃料一樣，它可能會變得過熱，所以我們需要找到降低溫度的方法。這就是你擁抱放鬆或分心時所做的事。當你找到重新評估自己想法的方法、避開觸發因素，甚至確保你意識到自己的緊張狀態時，也是在做這件事。你正在尋找降低熱度的方法。

　　但這種燃料不需要一直保持冷靜。有時候，你絕對可以且應該感到憤怒。不僅可以生氣，有時也是正確的。事實上，你之所以會感到憤怒，是因為它對你的祖先非常有幫助；不只有助於他們生存，還幫助他們在一個經常是極其艱難和殘酷的世界中茁壯成長。現在，它也可以為你提供同樣的幫助。

致謝

　　非常感謝支持我寫這本書的許多人。從我的家庭開始，我得到了夢想中的工作，因為我有一位不可思議的伴侶和最好的朋友——我的太太蒂娜，她在我對自己有信心之前，就對我有信心。同樣幸運的是，我有兩個了不起的兒子李斯和托賓，他們讓我想要超越自己，幫助創造一個更美好的世界。我有一位充滿愛和奉獻精神的母親珊蒂，她教會我領導和服務的價值；還有一位才華橫溢的父親菲爾，他教會我批判性思考和努力工作。我和三個很棒的兄弟姊妹一起長大，他們、他們的伴侶和孩子們一直是愛、支持和幽默的泉源。最後，我非常幸運地在我的姻親那裡，繼承了一個同樣美好的家庭。

　　在我的職業生涯中，有好幾次我為自己獲得的機會感到非常幸運。在南密西西比大學的諮詢心理學專案中，我和艾瑞克・達倫博士一起完成的工作就是其中之一，他的支援、專業知識和指導，對我現今的工作仍至關重要。此

外，我不知怎的，在威斯康辛大學綠灣分校的心理學系，找到一份完美的工作，在那裡，我身邊不僅有心理學領域，還有整個大學的傑出學者和富有創造力的老師。作為一名教師和研究人員，我的工作不斷受到這些同事的啟發，他們曾經是並將繼續是我的好朋友、同事和導師。同樣在威斯康辛大學綠灣分校，特別感謝我的學生們，他們教我的東西和我教他們的一樣多，他們給了我希望，讓我相信世界正朝著更好的方向前進。

當談論我感到幸運的機會時，非常感謝 TEDx 豐迪拉克團隊，選擇我來演講並指導我完成整個過程。這群人的才華非凡。最後，我要感謝沃特金斯（Watkins）出版團隊，尤其是菲奧娜‧羅伯森（Fiona Robertson），她支持我寫這本書。他們對我的信任和指導，使這一切成為可能。

二十多年前，當我開始研究憤怒時，我不知道它會讓人如此著迷，也不知道這個職業會多麼充實。我的快樂主要歸功於那些研究憤怒和攻擊性的傑出學者。他們孜孜不倦地工作，目標是幫助人們發展更健康的生活，閱讀其作品是源源不絕的靈感來源。

參考書目

一. Deffenbacher, J.L., Oetting, E.R., Lynch, R.S., & Morris, C.D. (1996). The expression of anger and its consequences. *Behaviour Research and Therapy*, 34, 575–590.

二. Dahlen, E.R., & Martin, R.C. (2006). Refining the anger consequences questionnaire. *Personality and Individual Differences*, 41, 1021–1031.

三. www.tmz.com/2010/11/17/bristol-palin-dancing-with-the-stars-man-shotgun-television-tv-wisconsin-steven-cowen/

四. Deffenbacher, J.L. (1996). Cognitive-behavioral approaches to anger reduction. In K.S. Dobson & K.D. Craig (Eds.), *Advances in cognitive-behavioral therapy* (pp. 31–62). Thousand Oaks, CA: Sage.

五. Foster, S.P., Smith, E.W.L., & Webster, D.G. (1999). The psychophysiological differentiation of actual, imagined, and recollected anger. *Imagination, Cognition and Personality, 18,*189–203.

六. Lanteaume, L., Khalfa, S., Regis, J., Marquis, P., Chauvel,P., & Bartolomei, F. (2007). Emotion induction after direct intracerebral stimulations of human amygdala. *Cerebral Cortex, 17,* 1307–1313.

七. Anderson, S.W., Barrash, J., Bechara, A., & Tranel, D. (2006). Impairments of emotion and real-world complex behavior following childhood – or adult-onset damage to ventromedial prefrontal cortex. *Journal of the International Neuropsychological Society, 12*(2), 224–235. Anderson, S.W., Bechara, A., Damasio, H., Tranel, D., &Damasio, A.R. (1999). Impairment of social and moral behavior related to early damage in human prefrontal cortex. *Nature Neuroscience, 2*(11), 1032–1037. Bechara, A., Dolan, S., Denburg, N., Hindes, A., Anderson, S.W., & Nathan, P.E. (2001). Decision-making deficits, linked to a dysfunctional ventromedial prefrontal cortex, revealed in alcohol and stimulant abusers. *Neuropsychologia, 39*(4), 376–389.

八. Ekman, P., et al. (1987). Universals and cultural differences in the judgments of facial expressions of emotion. *Journal of Personality and Social Psychology, 53*(4), 712–717.

九. Flack, W.F., Jr., Laird, J.D., & Cavallaro, L.A. (1999). Separate and combined effects of facial expressions and bodily postures on emotional feelings. *European Journal of Social Psychology, 29*(2–3), 203–217.

十. Martin, R.C., & Dahlen, E.R. (2007). The Angry Cognitions Scale: A new inventory for assessing cognitions in anger. *Journal of Rational-Emotive and Cognitive Behavior Therapy, 25*, 155–173.

十一. Martin, R.C., & Dahlen, E.R., (2011). Angry thoughts and response to provocation: Validity of the Angry Cognitions Scale. *Journal of Rational-Emotive and Cognitive Behavior Therapy, 29*, 65–76.

十二. www.detroitnews.com/story/opinion/letters/2018/07/20/openletter-regarding-civility-public-discourse/801624002/

十三. apnews.com/1d8948d2ff4e441b94b75fe852382c7f

十四. Salerno, J.M., Peter-Hagene, L.C., & Jay, A.C.V. (2019). Women and African Americans are less influential when they express anger during group decision making. *Group Processes & Intergroup Relations, 22*(1), 57–79.

十五. Crandall, C.S., & Eshleman, A. (2003). A justification-suppression model of the expression and experience of prejudice. *Psychological Bulletin, 129*(3), 414–446.

十六. cdn.cnn.com/cnn/2020/images/06/08/rel6a.-.race.and.2020.pdf

十七. Breech, J. (2016). POLL: Majority of Americans disagree with Colin Kaepernick's protest. *CBS Sports*.www.cbssports.com/nfl/news/poll-majority-of-americans-disagree-with-colin-kaepernicks-protest/

十八. Bailey, C.A., Galicia, B.E., Salinas, K.Z., Briones, M., Hugo,S.,

Hunter, K., & Venta, A.C. (2020). Racial/ethnic and gender disparities in anger management therapy as a probation condition. *Law and Human Behavior, 44*(1), 88–96.

十九. Jacobs, D. (2017). We're sick of racism, literally. *The New York Times.* www.nytimes.com/2017/11/11/opinion/sunday/sick-of-racism-literally. html

二〇. Ulrich, N. (2020). NFL lifts indefinite suspension on Cleveland Browns' Myles Garrett. *USA Today*.www.usatoday.com/story/sports/ nfl/browns/2020/02/12/myles-garrett-nfl-lifts-cleveland-browns-indefinite-suspension/4736004002/

二一. Chuck, E. (2019). Why Myles Garrett's helmet attack likely won't result in criminal charges. *NBC News.* www.nbcnews.com/news/us-news/why-myles-garrett-s-helmet-attack-likely-won-t-result-n1083186

二二. Federal Bureau of Investigation. (2018). Uniform Crime Reporting Violent Crime. ucr.fbi.gov/crime-in-the-u.s/2018/crime-in-the-u.s.-2018/topic-pages/violent-crime

二三. Iadicola, P., & Shupe, A. (2013). *Violence, inequality, and human freedom.* Lanham, MD: Rowman & Littlefield Publishers, Inc.

二四. Martin, R.C., & Dahlen, E.R., (2011). Angry thoughts and response to provocation: Validity of the Angry Cognitions Scale. *Journal of Rational-Emotive and Cognitive Behavior Therapy, 29*, 65–76.

二五. American Psychiatric Association. (2013). *Diagnostic and statistical manual of mental disorders* (5th ed.). Washington, DC: Author.

二六. Dahlen, E.R., Martin, R.C., Ragan, K., & Kuhlman, M. (2004). Boredom proneness in anger and aggression: Effects of impulsiveness and sensation seeking. *Personality and Individual Differences, 37*, 1615–1627.

二七. Dahlen, E.R., Martin, R.C., Ragan, K., & Kuhlman, M. (2005). Driving anger, sensation seeking, impulsiveness, and boredom proneness in the prediction of unsafe driving. Accident *Analysis and Prevention, 37*, 341–348.

二八 . Berkowitz, L., & LaPage, A. (1967). Weapons as aggression-eliciting stimuli. *Journal of Personality and Social Psychology, 7*, 202–207.

二九 . Tanaka-Matsumi, J. (1995). Cross-cultural perspectives on anger. In H. Kassinove (Ed.), *Anger disorders: Definition, diagnosis, and treatment*. Washington, DC: Taylor & Francis.

三〇 . Martin, R.C., Coyier, K.R., Van Sistine, L.M., & Schroeder, K.L. (2013). Anger on the internet: The perceived value of rant-sites. *Cyberpsychology, Behavior, and Social Networking, 16*, 119–122.

三一 . Tippett, N., & Wolke, D. (2015). Aggression between siblings: Associations with the home environment and peer bullying. *Aggressive Behavior, 41*, 14–24.

三二 . Smith, T.W. (2006). Personality as risk and resilience in physical health. *Current Directions in Psychological Science, 15*, 227–231.

三三 . Chang, P.P., Ford, D.E., Meoni, L.A., Wang, N.Y., & Klag, M.J. (2002). Anger in young men and subsequent premature cardiovascular disease: The precursors study. *Archives of Internal Medicine, 162*, 901–906.

三四 . Nitkin, K. (2019). The Precursors Study: Charting a lifetime. *HUB*. hub.jhu.edu/2019/03/25/precursors-study/

三五 . Selye, H. (1946). The general adaptation syndrome and the diseases of adaptation. *Journal of Allergy, 17*, 241–247.

三六 . Musante, L., & Treiber, F. (2000). The relationship between anger-coping styles and lifestyle behavior in teenagers. *Journal of Adolescent Health, 27*, 63–68.

三七 . Dahlen, E.R., & Martin, R.C. (2006). Refining the Anger Consequences Questionnaire. *Personality and Individual Differences, 41*, 1021–1031.

三八 . Lovibond, S.H., & Lovibond, P.F. (1995). *Manual for the Depression Anxiety Stress Scales* (2nd ed.) Sydney: Psychology Foundation.

三九 . Martin, R.C., & Dahlen, E.R. (2006). Cognitive emotion regulation in the prediction of depression, anxiety, stress, and anger. *Personality and Individual Differences, 39*, 1249–1260.

四〇 . Exline, J.J., Park, C.L., Smyth, J.M., & Carey, M.P. (2011). Anger toward God: Social-cognitive predictors, prevalence, and links with adjustment to bereavement and cancer. *Journal of Personality and Social Psychology, 100*, 129–148.

四一 . Birkley, E.L., & Eckhardt, C.I. (2018). Effects of instigation, anger, and emotion regulation on intimate partner aggression: Examination of "perfect storm" theory. *Psychology of Violence, 9*, 186–195.

四二 . Gilam, G., Abend, R., Gurevitch, G., Erdman, A., Baker, H., Ben-Zion, Z., & Hendler, T. (2018). Attenuating anger and aggression with neuromodulation of the vmPFC: A simultaneous tDCS-fMRI study. *Cortex, 109*, 156–170.

四三 . Eckhardt, C.I, & Crane, C. (2008). Effects of alcohol intoxication and aggressivity on aggressive verbalizations during anger arousal. *Aggressive Behavior, 34*, 428–436.

四四 . Garcia-Sancho, E., Dhont, K., Salguero, J.M., Fernandez-Berrocal, P. (2017). The personality basis of aggression: The mediating role of anger and the moderating role of emotional intelligence. *Scandinavian Journal of Psychology, 58*, 333–340.

四五 . Buss, D.M. (1987). Selection, evocation, and manipulation. *Journal of Personality and Social Psychology, 53*, 1214–1221.

四六 . Deffenbacher, J.L. (1995). Ideal treatment package for adults with anger disorders. In H. Kassinove (Ed.), *Anger disorders: Definition, diagnosis, and treatment*. Washington, DC: Taylor & Francis.

四七 . Schwarz, N., & Clore, G.L. (1983). Mood, misattribution, and judgments of well-being: Informative and directive functions of affective states. *Journal of Personality and Social Psychology, 45*, 513–523.

四八 . Gross, J.J. (2002). Emotion regulation: Affective, cognitive, and social consequences. *Psychophysiology, 39*, 281–291.

四九 . Martin, R.C., & Dahlen, E.R. (2007). Anger response styles and reaction to provocation. *Personality and Individual Differences, 43*, 2083–2094.

五〇 . Linden, W., Hogan, B.E., Rutledge, T., Chawla, A., Lenz, J.W., & Leung, D. (2003). There is more to anger coping than "in" or "out." *Emotion, 3*, 12–29.

五一 . Garnefski, N., Kraaij, V., & Spinhoven, P. (2001). Negative life events, cognitive emotion regulation and emotional problems. *Personality and Individual Differences, 30*, 1311–1327.

五二 . Martin, R.C., & Dahlen, E.R. (2005). Cognitive emotion regulation in the prediction of depression, anxiety, stress, and anger. *Personality and Individual Differences, 39*, 1249–1260.

五三 . DiGiuseppe, R., & Tafrate, R.C. (2007). *Understanding anger disorders*. New York, NY: Oxford University Press.

五四 . Hucke, K., & Martin, R.C. (2015). *Emotions in sports performance*. Poster presented at the Annual Midwestern Psychological Association Conference, Chicago, IL.

五五 . Bushman, B.J., Baumeister, R.F., & Stack, A.D. (1999). Catharsis, aggression, and persuasive influence: Self-fulfilling or self-defeating prophecies? *Journal of Personality and Social Psychology, 76*(3), 367–376.

為什麼我們會生氣？

是情緒失控，還是表達方式有問題？是思維有偏誤，還是憤怒反應出了差錯？
Why We Get Mad: How to Use Your Anger for Positive Change

作　　　者	瑞安‧馬丁博士（Dr. Ryan Martin）
譯　　　者	吳宜蓁
封 面 設 計	萬勝安
內 頁 排 版	江麗姿
行 銷 企 劃	黃羿潔
業 務 發 行	王綬晨、邱紹溢、劉文雅
資 深 主 編	曾曉玲
總 編 輯	蘇拾平
發 行 人	蘇拾平

出　　　版　啟動文化
　　　　　　Email：onbooks@andbooks.com.tw
發　　　行　大雁出版基地
　　　　　　新北市新店區北新路三段207-3號5樓
　　　　　　電話：(02)8913-1005　傳真：(02)8913-1056
　　　　　　Email：andbooks@andbooks.com.tw
　　　　　　劃撥帳號：19983379
　　　　　　戶名：大雁文化事業股份有限公司

初 版 一 刷　2024年6月
定　　　價　480元
I S B N　978-986-493-186-6
E I S B N　978-986-493-184-2 (EPUB)

為什麼我們會生氣？：是情緒失控，還是表達方式有問題？是思維有
偏誤，還是憤怒反應出了差錯 ?/ 瑞安‧馬丁 (Ryan Martin) 著；吳宜蓁
譯 . -- 初版 . -- 新北市：啟動文化出版：大雁出版基地發行 , 2024.06
　　面；　公分 .
譯自：Why we get mad : how to use your anger for positive change

　　ISBN 978-986-493-186-6(平裝)

　　1. 憤怒 2. 情緒管理

176.56　　　　　　　　　　　　　　　　　　　　　113006492